Christiane Haerlin

BASISWISSEN: Berufliche Beratung psychisch Kranker

Psychiatrie Verlag

Die Reihe *Basiswissen* wird herausgegeben von:
Michaela Amering, Ilse Eichenbrenner, Hiltrud Kruckenberg,
Michael Eink, Klaus Obert und Wulf Rössler

Christiane Haerlin
Basiswissen: Berufliche Beratung psychisch Kranker
Basiswissen 18
ISBN-Print: 978-3-88414-481-7
ISBN-PDF: 978-3-88414-739-9
ISBN-ePub: 978-3-88414-839-6

Weitere Bücher der Reihe Basiswissen finden Sie im Internet:
www.psychiatrie-verlag.de

Die Deutsche Bibliothek verzeichnet diese Publikation
in der Deutschen Nationalbibliografie; detaillierte bibliografische
Daten sind im Internet über http://dnb.ddb.de abrufbar.

Lektorat: Uwe Britten, textprojekte, Geisfeld
Umschlaggestaltung, Umschlagfoto, Typografie und Satz: Iga Bielejec, Nierstein
Druck und Bindung: CPI - Clausen & Bosse, Leck

Gewidmet Douglas Bennett (1919 – 1997) und Rudolf Freudenberg (1908 – 1983)
Mit Dank an die Freudenberg-Stiftung für die Förderung.

Vorbemerkung

»Meinst du wirklich, dass wir dieses Beratungsgespräch ganz ohne Unterlagen führen können?« Ungläubig fragte ich meinen Kollegen im Jahr 1979, als wir in Heidelberg den Start des ersten deutschen Beruflichen Trainingszentrums (BTZ) vorbereiteten und die Liste der psychisch Kranken durchgingen, die das Arbeitsamt für ein Beratungsgespräch bei uns vorgeschlagen hatte. »Ja, das machen wir ab jetzt so. Dann sind nicht immer wir ›die Schlauen‹ und der Klient ›der Dumme‹. Dann machen auch wir mal Fehler. Gemeinsam arbeiten wir uns schließlich zu Empfehlungen und nächsten Schritten vor.«

Für mich war dies der Durchbruch zu einem Denken, das den Ratsuchenden als Experten seiner eigenen Geschichte sieht und das gleichzeitig ein befreiendes Gefühl vermittelt.

Während ich Anfang der neunziger Jahre das zweite BTZ in Köln aufbaute, hörte ich manchen Klienten sagen: »Wofür wollen Sie denn jetzt dieses Gesprächsergebnis aufschreiben?« Die Skepsis war deutlich. »Ich schreibe das Wichtigste aus unserem Gespräch mit Ihrer Hilfe auf, damit Sie sich nicht alles merken müssen. Ihnen liegen dann meine Empfehlungen vor, und Sie können diese mit anderen Personen, die Ihnen wichtig sind, besprechen.«

Viele Klientinnen und Klienten wissen, dass Berichte über sie im verschlossenen Umschlag weitergegeben werden, ohne dass sie selbst den Inhalt kennen. Etwas überraschend ist es deshalb für viele, das Original des Ergebnisberichts in die Hand zu bekommen. Sie verstehen dann, dass sie ihre eigenen Angelegenheiten steuern und Verantwortung übernehmen können. Für jeden psychisch kranken oder behinderten Menschen im arbeitsfähigen Alter ist die Beratung seines individuellen beruflichen Weges notwendig und oftmals der erste Schritt zu einer gelingenden Integration.

Die persönliche Geschichte, die mich zu diesen Erfahrungen und Überzeugungen in zwei Beruflichen Trainingszentren geführt hat, beginnt zu Hause. Von meinen Eltern habe ich wohl mehr gelernt als in allen Seminaren und Fortbildungen zusammen. Mein Vater bereiste als Volkswirtschaftler und Journalist viele Länder, er analysierte und beschrieb ihre Wirtschaftssysteme und Arbeitswelten. Meine Mutter, Sekretärin meines Vaters, beteiligte sich mit Leidenschaft an dieser Arbeit und führte ein offenes Haus, in dem viele Gesprächspartner aus aller Welt zu Gast waren. Die Neugier für die Berufswelten von Menschen habe ich mir bis heute erhalten. Arbeit sehe ich vielleicht deshalb nicht nur als Belastung, sondern vor allem als Herausforderung und Chance.

Beide Eltern hielten für uns fünf Kinder einige ungeschriebene Gesetze hoch, die wohl meinen Hang zu einem sozialen Beruf beeinflusst haben. Zum Beispiel wurden vorrangig Alte und Kranke besucht, egal, ob wir sie mochten oder nicht. »Charity begins at home« war ein stehender Ausdruck, wenn wir zu wenig für die Familie taten.

Mit dieser Grundausrüstung im Gepäck, war es mein Glück, als junge Ergotherapeutin einige Jahre in der sozialpsychiatrischen Tagesklinik am Londoner Maudsley Hospital arbeiten zu können. Ihrem charismatischen Leiter, Douglas Bennett, war ich bis zu seinem Tode freundschaftlich verbunden.

Seine Analysen, seine vorausschauenden Konzepte und sein praktisches Vorgehen im Rahmen gemeindenaher Arbeit mit psychisch Kranken waren für viele seiner Schüler bahnbrechend. Einiges davon konnte zu Zeiten der deutschen Reformpsychiatrie auf die Rehabilitationslandschaft übertragen werden, manches gemeinsam mit meinem Mann, Arnd Schwendy, dem ich viel zu verdanken habe. Ein Kind der Reformen sind die Beruflichen Trainingszentren, die sich an vielen Orten in Deutschland und Österreich entwickelt und heute als krisenfest und wandlungsfähig erwiesen haben. Die Konzeption der in diesem Buch beschriebenen beruflichen Beratungs- und Rehabilitationsgespräche geht bis auf die Londoner Zeit zurück, wurde in den BTZ weiterentwickelt und in die Zusammenarbeit mit den psychosozialen und rehabilitativen Diensten der Region integriert.

Es ist nicht zu übersehen, dass auch heute noch berufliche Beratung häufig zu spät oder gar nicht stattfindet. Längst scheint eine neue Generation von sogenannten chronisch Kranken herangewachsen zu sein, die zu kurz gekommen sind und deshalb nur noch geringe Chancen der Integration in Erwerbsarbeit haben. Ich fühle mich herausgefordert zu tun, was möglich ist, damit Klientinnen und Klienten frühzeitig beruflich beraten werden.

Ich danke meinem Mann sowie einigen Freunden und Weggefährten für ihre Unterstützung bei der Entstehung dieses Buches, insbesondere danke ich dem Leiter einer Ambulanz für Therapieausbildung, Dr. Hans-Dieter Dumpert.

Christiane Haerlin

Kritische Fragen

In den letzten Jahren sind viele Hilfen und Dienste zur beruflichen Beratung und Integration psychisch Kranker entstanden. Dennoch leben weiterhin viele Betroffene arbeitslos und oft beruflich völlig perspektivlos. Dies resultiert zum einen aus realen Schwierigkeiten, zum anderen aber auch aus diffusen Ängsten und Vorbehalten seitens der Erkrankten, ihrer Familien und der professionellen Helfer. Letztere bahnen viel zu selten den Weg der Beratung, Rehabilitation und Integration in ein sinnerfülltes Leben mit Erwerbstätigkeit oder anderen Formen der Arbeit.

Es ist das Anliegen dieses Buches, Mut zu machen für eine frühzeitige berufliche Beratung nach psychischen Krisen und den Klientinnen und Klienten mögliche Wege aufzuzeigen. Die gezielte Beratung scheitert an verschiedenen Hemmnissen. Einigen Vorbehalten sollen mit den folgenden Fragen begegnet werden.

Wieso diese rehabilitativen Anstrengungen, wenn doch die meisten der Klientinnen und Klienten wegen ihrer Beeinträchtigungen ohnehin unvermittelbar sind?

Gerade dieser »arbeitslose« Zustand macht eine nächste Wiedererkrankung wahrscheinlicher, der Weg ist gebahnt in einen »chronischen Verlauf« mit immer weniger Hoffnung und ständig wiederkehrenden Krankheitsphasen. Ohne Beschäftigung zu bleiben heißt, das sogenannte Rückfallrisiko zu erhöhen.

Warum sollte der Faktor Arbeit so bedeutsam sein für die weitere Entwicklung einer psychiatrischen Erkrankung?

Eines unserer tiefsten und mächtigsten Grundbedürfnisse ist die Zugehörigkeit, etwa zu einer Familie oder auch zu einem Betrieb bzw. Arbeitsteam. Die Angst, aus der Gemeinschaft herauszufallen, sitzt tief. Deshalb wird Arbeitslosigkeit auch bei gesunden Menschen nicht freudig als langer

Urlaub, sondern eher traumatisch erlebt. Der Verlust ist ein doppelter – der Einzelne kann nichts mehr zum gesellschaftlichen Ganzen beitragen und damit Sinn empfinden und er erhält auch nichts mehr zurück (wie Bezahlung und Anerkennung). Für manche psychisch Kranken fühlt sich dies wie der freie Fall ins Nichts an und verstärkt ihre psychische Instabilität.

Viele professionelle Helfer und auch Angehörige haben immer wieder den Eindruck, dass psychisch kranke Menschen froh sind, wenn sie von Arbeit entlastet werden.

Vordergründig ist das richtig und eine Krankschreibung kann erst einmal die ersehnte Entlastung bringen. Nach kurzer Zeit jedoch holen die ungelösten Berufsprobleme die Person ein. Die ängstigenden Zukunftsperspektiven können sich wie ein depressiver Mehltau über alles legen. Auch das Personal wird von dieser Negativstimmung erfasst, kann dies aber oft nicht zugeben. Da ist es besser, diese Entlastung zeitlich zu begrenzen und Mut zu machen für neue, behutsame Schritte in die Arbeitswelt.

Ist das nicht während einer Krisenintervention oder während der Akutbehandlung übereilt? Bislang gilt doch die Erfahrung, dass viele Betroffene erst nach vielen Jahren bereit und in der Lage sind, sich dieser schwierigen Aufgabe zu stellen.

Die Auffassung ist überholt. Angelsächsische Forschungen haben gezeigt: Man muss den Leidensdruck der akuten Krise nutzen, um mit den Betroffenen und ihren Familien – die ja mitleiden – Beschäftigungsfragen offensiv anzugehen. Damit wird zweierlei erreicht: Es werden Hoffnungen geweckt und es werden noch vorhandene Beziehungen zur Arbeitswelt möglicherweise gerettet. Manche haben übrigens noch eine Stelle, die unnötigerweise gekündigt werden könnte, wenn die Kollegen und Vorgesetzten nicht rechtzeitig informiert werden.

Klingt das angesichts der heutigen Verhältnisse in vielen Betrieben allzu enthusiastisch? Es ist auch richtig, dass es einen alarmierenden Anstieg von psychischem Druck, Mobbing und Burnout an Arbeitsplätzen gibt.

Arbeitsbezogene Krisen nehmen zu. Auch die Zahl der Frühberentungen aufgrund seelischer Störungen ist dramatisch gestiegen. Bei den jährlich 150 000 Frühinvaliden in Deutschland liegt bei jedem Dritten die Ursache in psychischen Beeinträchtigungen. Es wäre unverantwortlich, darauf mit Nichtstun zu reagieren. Das hat auch die Rentenversicherung erkannt, die ihre Rehabilitationsangebote für psychisch kranke oder psychisch behinderte Menschen stark erweitert hat. Auch die Krankenkassen denken in diese Richtung, wenn auch bislang nicht ausreichend flächendeckend und flexibel genug.

Wie erkennt man nun im Einzelfall, bei wem berufsbezogene Aktivitäten besonders wichtig oder erfolgversprechend sind?

Wichtig sind sie bei allen Klienten im »arbeitsfähigen« Alter. Jedem von ihnen kann der Verlust der Arbeit oder des Arbeitseinstiegs drohen. Ohne Beratung oder berufliche Hilfen ist es nach psychischer Erkrankung schwierig, eine Stelle zu bekommen, zu halten oder wieder zu besetzen. Gerade weil die Zeit so knapp ist, bedarf es einer gezielten Strategie, und zwar nach dem Grundsatz: Rehabilitation beginnt am ersten Tag der Behandlung. Sie ist eine Angelegenheit des gesamten Teams und nicht eines einzelnen Experten, der nämlich erst später nötig wird.

Verlässliche Prädiktoren scheinen zu sein: erstens, die Diagnose spielt eine untergeordnete Rolle. Zweitens, die besten Chancen haben jene, die vorher schon erwerbstätig waren, und jene, die möglichst wenige stationäre Aufenthalte hatten. Drittens haben jene Personen eine gute Chance, die für sich herausfinden können, was sie beruflich wirklich wollen. Das steigert die zielgerichtete Energie und Motivation.

Das klingt nach Konzentration auf die »besseren« Patienten. Wo bleiben da die, die schon jahrelang krank und arbeitslos sind oder niemals berufstätig sein konnten?

Für die Gruppe der langfristig kranken bzw. seelisch behinderten Menschen wurden in den letzten zwanzig Jahren viele Angebote aufgebaut: Arbeitstherapien, Tagesstätten, Werkstätten für behinderte Menschen, tagesstrukturierende Programme der ambulanten Dienste, Zuverdienstangebote und Rehabilitationseinrichtungen. Jeder Psychiatrieerfahrene hat Anspruch darauf, individuell so gut beraten zu werden, dass er das für sich optimale Angebot auch wirklich erreichen kann.

Es ist unverständlich, dass bei so vielen Angeboten nicht alles im Lot sein soll.

Oftmals stellen sich diese Angebote als Sackgassen heraus, da sie nicht auf den Einzelnen zugeschnitten werden. Je vielfältiger die Angebote, desto wichtiger ist eine individuelle Beratung zur Feststellung der aktuellen Situation und Planung von tragfähigen Schritten.

Sind die Beratungsdefizite bei den akut Kranken möglicherweise größer als bei den langfristig Erkrankten?

Sicher ist, dass es an gezielter Beratung zum richtigen Zeitpunkt fehlt. Wir müssen verhindern, dass unter unseren Augen eine weitere Generation von sogenannten »Chronischen« mit minimalen Chancen auf dem Arbeitsmarkt heranwächst, weil wir sie nicht frühzeitig genug beruflich beraten und angeleitet haben.

Ist das angesichts der immer kürzeren Verweildauern in Kliniken und der immer schneller rotierenden Drehtüren überhaupt leistbar? Wer soll das machen?

Die in diesem Buch vorgestellte Methode der berufsbezogenen Frühberatung kann ein wichtiger Teil einer integrierten Behandlungs- und Rehabilitationsplanung sein. Es wird zunehmend gefordert, dass dies auch für niedergelassene Fachärzte und Therapeuten gilt. Rehabilitation beginnt am ersten Tag der Behandlung und ist Angelegenheit des gesamten Teams und nicht eines einzelnen Experten.

Selbst wenn die Klinik eine berufliche Beratung leisten könnte, wie soll aber ein allein arbeitender Nervenarzt das in seiner Praxis leisten?

Er kann sich – wie übrigens auch die möglicherweise überforderte Akutstation – in der Region besser vernetzen mit externen Kollegen aus Integrationsfachdiensten, Beruflichen Trainingszentren oder spezialisierten

Praxen von Ergotherapeuten. Sie sind bereit, in Klinik oder Arztpraxis den Patienten gemeinsam zu beraten. Dabei ist es klug, die Familienmitglieder mit einzubeziehen. Es wird leicht vergessen, dass diese nicht nur zusätzliche Probleme, sondern auch wertvolle Erfahrungen und Ressourcen einbringen können. So gesehen hält sich dann auch der Zeitaufwand für eine frühzeitige berufliche Beratung und Abklärung der Arbeitsperspektive in Grenzen.

Lässt sich der Zeitaufwand in Stunden bemessen?

Basierend auf vielen Praxiserfahrungen unterschiedlichster Dienste lässt sich zeigen, dass ein erstes Beratungsgespräch zwischen ein und zwei Stunden dauert.

Und was ist der Effekt solcher Gespräche?

Diese Gespräche wirken ähnlich wie ein Langzeit-Neuroleptikum, über viele Monate. Der Klient kann mit seinem Einverständnis Kopien des Gesprächsergebnisses an relevante Bezugspersonen geben. Dadurch haben sie den gleichen Informationsstand und können die gemeinsam vereinbarte Linie unterstützen.

Um welche Bezugspersonen handelt es sich dabei?

Um alle, die dabei helfen können, die angedachte Perspektive aufzubauen. Das können, je nach Klient und Situation, sein: Psychiatrieerfahrene und Angehörige, Therapeuten und Betreuer, Mitarbeiter rehabilitativer Dienste und Einrichtungen sowie Berater der Kostenträger.

Und das soll mit dem Datenschutz vereinbar sein?

Selbstverständlich. Ein professioneller Umgang mit dem Datenschutz sieht so aus: Während der Beratung wird besprochen und protokolliert, welche Personen sinnvollerweise in Kenntnis gesetzt werden sollen. Dann genehmigt der Klient mit seiner Unterschrift auf dem Original den Empfängerkreis. Am wirkungsvollsten ist es dabei ohnehin, dass er die Kopien selbst übergibt. Er wird damit zum Koordinator seiner eigenen Angelegenheiten – ein Beitrag zum Empowerment.

Bei der beruflichen Beratung sind alle psychiatrisch Tätigen gefordert.

Wandel der Arbeitswelt und Rehabilitation

Wer anderen den Weg weisen will, tut gut daran, sich vorher die Landkarte genau anzuschauen. Psychiatrie, Arbeitswelt und Rehabilitation befinden sich derzeit in einem tiefgreifenden Wandel mit vielen neuen Wegen.
Wandel kann erst dann realistisch eingeschätzt werden, wenn der Hintergrund, vor dem sich dieser abspielt, bekannt ist. Einen guten Überblick über den Wandel der Arbeit in der abendländischen Gesellschaft gibt die Sozialwissenschaftlerin und Philosophin H. Arendt (1985), deren Schriften auch dreißig Jahre nach ihrem Tod eine erstaunliche Aktualität haben, da sie nicht an der Oberfläche hängen bleiben, sondern die Besonderheiten des Menschen und seiner Arbeit so beleuchten, dass sie auch für die individuelle berufliche Beratung hilfreich sind.
Als Anfang der siebziger Jahre auf Basis der Psychiatrie-Enquete die »Humanisierung« der psychiatrischen Versorgung begann, ging im Westen das Wirtschaftswunder mit Wachstum und Vollbeschäftigung zu Ende. Langzeitarbeitslosigkeit entstand, die allen Konjunkturaufschwüngen widerstand. Die Wirtschaft, die stärker unter internationalen Wettbewerbsdruck geriet, versuchte Produktivitätssteigerungen und Kostensenkungen durch Rationalisierungen und durch den Einsatz neuer Technologien zu erreichen. Durch diesen Wandel fielen Hunderttausende von einfacheren Arbeitsplätzen weg. »Arbeitsverdichtung« wurde das Zauberwort. Es bedeutete für die Arbeitnehmerinnen und Arbeitnehmer mehr Stress aufgrund erhöhter Kommunikationsanforderungen, Flexibilität und Mobilität (Internationales Arbeitsamt 2007).
Dies sind heute die Markenzeichen einer zunehmend globalisierten Welt. Parallel dazu begann der Abbau von Sicherheiten für Arbeitnehmer. In vielen Dienstleistungsbetrieben gibt es keinen Betriebsrat, Arbeitsverhält-

nisse werden zunehmend befristet angeboten und Arbeitszeiten werden immer flexibler (MECKLENBURG / STORCK 2008).

Diese Veränderungen haben natürlich gravierende Folgen auch für die psychisch beeinträchtigter Menschen und deren beruflich-rehabilitative Beratung.

Entwicklungen in der Psychiatrie

Der Aufbau des gemeindenahen Versorgungssystems im Anschluss an die Psychiatrie-Enquete und der daraus entwickelten Modellprogramme von 1988 brachte ehemaligen Psychiatriepatienten zwar mehr Freiheit und mehr soziale Teilhabe, als das frühere Anstaltsleben sie bieten konnte. Aber die neuen sozialpsychiatrischen Hilfen – Übergangsheime, Kontakt- und Beratungsstellen, Tagesstätten, Betreutes Wohnen – standen vor dem Problem, dass sie für ihre Klientinnen und Klienten nur sehr schwer Arbeitsplätze finden konnten. Die historisch vor allem für geistig behinderte Personen konzipierten Werkstätten für behinderte Menschen erwiesen sich als wenig geeignet für Psychiatrieerfahrene. Vielerorts begnügte man sich in den achtziger Jahren damit, den Mangel an Arbeit durch psychosoziale Betreuung und Freizeitangebote zu kompensieren (BECKER 2007).

Es gab jedoch Gegenbewegungen, die sich als produktiv erwiesen:

Integrationsfirmen: Psychosoziale Hilfsvereine gründeten »Selbsthilfefirmen«, heute »Integrationsfirmen« genannt (www.bag-integrations firmen.de). Sie erbrachten – nach den Regeln des allgemeinen Arbeitsmarktes arbeitend – den Beweis, dass auch Mitarbeiter mit langfristigen Krankheitsgeschichten in der Lage sind, ihre Existenz durch eigenes Arbeitseinkommen zu sichern. Die Voraussetzung ist, dass diese Betriebe Rahmenbedingungen bieten, die auf die spezifischen Bedürfnisse dieser Personengruppe Rücksicht nehmen. Anfang der neunziger Jahre wurden Status und Förderung dieser gemeinnützigen Betriebe durch das Sozialgesetzbuch IX abgesichert. → Integrationsfirmen, Seite 122

Integrationsfachdienste: Schon vor den Firmengründungen waren erfolgreiche Modelle gestartet worden, durch persönliche psychosoziale Beratung arbeitslosen psychisch Kranken Jobs in ganz normalen Firmen zu erschließen und ein flächendeckendes System der »Integrationsfachdienste« aufzubauen. → Integrationsfachdienste, Seite 124
Sowohl Integrationsfirmen als auch Integrationsfachdienste – unterstützt von den Integrationsämtern – sind heute nicht nur für Menschen mit psychiatrischen Problemen aktiv, sondern für alle Behindertengruppen. Die Sozialpsychiatrie war somit Pionier der Entwicklung wichtiger Neuerungen für alle Behindertengruppen.
Auch die Werkstätten für behinderte Menschen stellten sich langsam auf die neue Zielgruppe ein. Je nach Landespolitik entstanden spezielle Abteilungen für ehemalige Psychiatriepatienten, versehen mit anspruchsvolleren Arbeitstätigkeiten.

Entwicklungen der Rehabilitationsangebote

Schritt für Schritt wurde das gesamte Rehabilitationssystem – teilweise gegen erheblichen Widerstand der Leistungsträger – den Bedürfnissen psychisch Kranker besser angepasst: Berufsförderungswerke und Berufsbildungswerke boten zunehmend entsprechende Rahmenbedingungen und Vorbereitung auf Ausbildungen oder andere qualifizierte Maßnahmen an. Es entstand ergänzend dazu ein Netz Beruflicher Trainingszentren (BTZ), das ortsnah agiert und im betriebsähnlichen Rahmen eine individuelle Förderung nach integriertem Konzept anbietet. → BTZ, Seite 122
Im Bereich der sozialen und medizinischen Rehabilitation erhielten die früher ausschließlich von der Sozialhilfe finanzierten Übergangseinrichtungen die Chance, sich zur Rehabilitationseinrichtung für psychisch Kranke (RPK) weiterzuentwickeln. → RPK, Seite 121
Trotz dieser beeindruckenden Fortschritte blieben Arbeitssuchende mit eingeschränkter psychischer Belastungsfähigkeit ein Problem auf dem Ar-

beitsmarkt. Weder konjunkturelle Aufschwünge noch die Ausweitung von rehabilitativen Hilfen vermochten dieses Problem zu lindern, da die Dynamik in den Betrieben – wie oben skizziert – immer rasanter wurde. Der hohe Konkurrenzdruck, der bis hin zum Mobbing führt, kennzeichnet heute in vielen Betrieben das Klima. Als Folge davon berichten die Krankenversicherungen über einen alarmierenden Anstieg seelischer Erkrankungen. Und bei der Frühberentung stellen die Menschen mit psychischen Leiden heute mit einem Drittel die Spitzengruppe dar.

Ein Teil dieser Entwicklung ist allerdings nicht nur der Verschlechterung der Arbeits- und Lebensverhältnisse geschuldet, sondern der verbesserten Versorgung, die erst allmählich zu einem genaueren Hinsehen führte.

Es gibt aber noch einen anderen Effekt, der manches erst jetzt sichtbar werden lässt. Der Ausbau der Akutversorgung und die Schaffung kleiner gemeindenaher Fachkliniken bzw. Abteilungen in Allgemeinkrankenhäusern, oft inklusive einer Tagesklinik, leisten ihren positiven Beitrag. Auch das Psychotherapeutengesetz mit seinen vereinfachten Zugangsbedingungen hat die früher vorherrschenden Ängste, fachliche Hilfen bei seelischen Krisen in Anspruch zu nehmen, spürbar verringert. Allerdings trägt auch dies zur Steigerung der Erkrankungs- und Berentungszahlen bei.

Soziale Isolation als Folge der Erwerbslosigkeit

In vielen psychosozialen Diensten wird vor dem hier skizzierten Hintergrund ständig diskutiert, ob es wegen der anhaltenden Schwierigkeiten überhaupt zumutbar sei, die Klienten mit dem Thema »Arbeit« zu konfrontieren. Der Verzicht auf solche Bemühungen mag nachvollziehbar sein, verantwortlich ist er kaum. Das Ergebnis des Ausschlusses der Klientinnen und Klienten aus der Erwerbstätigkeit ist die erzwungene Untätigkeit und das Gefühl, nicht mehr gebraucht zu werden und nicht mehr dazuzugehören. Das bedeutet den Verlust von Eigenständigkeit und sozialem Ansehen.

Nichtstun schwächt die psychische Stabilität und provoziert Rückfälle – das weiß jeder psychiatrisch Tätige. Seit den Untersuchungen eines österreichischen Dorfes, dessen Bewohner durch die Schließung des einzigen Betriebs über Nacht arbeitslos wurde, ist bekannt, dass dies nicht nur für psychisch Kranke, sondern auch für gesunde Menschen gilt. Die Forschungen von M. Jahoda (1983) bereits aus den dreißiger Jahren des vergangenen Jahrhunderts sind bahnbrechend gewesen und werden inzwischen bestätigt durch eine Fülle von Untersuchungen aus jüngerer Zeit. Alarmierend ist eine Studie der Universität Rostock, die zeigt, dass sogar die Lebenserwartung von Arbeitslosen deutlich verringert ist (Scholz/Schulz 2007).

Betont werden muss an dieser Stelle der Unterschied zwischen:

- Arbeitslosigkeit aufgrund und als Folge einer psychischen Störung und
- Arbeitslosigkeit als Ursache oder Auslöser für psychische Störungen und Krankheiten mit somatischen, psychosomatischen oder psychiatrischen Symptomen.

Während man früher bei der Behandlung und Rehabilitation markante Unterschiede sah und zum Teil verschiedene Maßnahmen durchführte, erscheinen heute die Übergänge eher fließend. Wer will entscheiden, ob die schwierige Schulsituation, der Verlust der Lehrstelle oder der Drogenkonsum zur Psychose führte? Wer will entscheiden, ob der Verlust der Arbeitsstelle der entscheidende Auslöser für die Zwangserkrankung war? Meist sind es mehrere Auslöser, die zur Krise führen.

Für die berufliche Beratung gilt in allen Fällen, die ganz individuelle Situation und Interaktion zwischen familiärer Herkunft, beruflicher Situation und Krankheit zu betrachten und mit einer angemessenen Hilfeplanung zu reagieren.

Es besteht somit eine ethische Verpflichtung zur Hilfe bei der beruflichen Orientierung nach einer psychischen Erkrankung. Und es gibt neben den aufgezeigten Negativentwicklungen auch genügend positive Beispiele da-

für, dass psychisch Kranke, wenn sie gut begleitet und vorbereitet werden, durchaus auf dem allgemeinen Arbeitsmarkt bestehen können.
Warum wird das so oft übersehen oder sogar verneint? Ein Grund mag sein, dass die professionellen Helferinnen und Helfer am wenigsten von jenen erfahren, die erfolgreich integriert sind, weil diese die Welt der psychiatrischen Versorgung hinter sich lassen (wollen). Als ich bei einem Treffen des BTZ Köln einen ehemaligen Teilnehmer nach über zehn Jahren wiedersah, war seine Freude über das Erreichte groß: Nach dem beruflichen Training fand er Arbeitsstellen in seinem Beruf als Schreiner, konnte sogar eine Familie ernähren und suchte nun für seinen Sohn eine Lehrstelle.
Diese erfolgreiche Zielgruppe erreicht man oft nicht für systematische Nachuntersuchungen, obwohl gerade sie die Hoffnungsgeber sein könnten. Gelungen ist dies bei den Langzeitstudien des Schweizer Sozialpsychiaters L. Ciompi (1985) mit den bekannten guten Ergebnissen. Zwei Drittel der untersuchten Psychosekranken hatten gute Integrationsergebnisse. Nur ein Drittel blieb dauerhaft chronisch krank.

Interessenkonflikte

Für die Beratungspraxis in beruflich-rehabilitativen Fragen ist es hilfreich, sich genauer anzusehen, wer von welchem Krankenstatus profitiert und wessen Interessen wie blockiert werden könnten. Es ist für beruflich-rehabilitative Fragen wichtig, zu erkennen, wer durch die Beratungspraxis Vorteile und wer Nachteile erfährt.

⟵ Medizinische Dienste

Niedergelassene Ärzte, Institutsambulanzen und Kliniken haben jenseits ihrer Ethik keinen Vorteil davon, wenn ihre Patientinnen und Patienten erwerbstätig sind. Sie erhalten die Entgelte für ihre Behandlungsbemühungen unabhängig von der Art der Krankenversicherungen. Der Erfolgsfaktor »Aufnahme von Arbeit« spielt bei der Qualitätskontrolle keine Rolle. Die Rehabilitation muss dennoch – das hat schon vor Jahrzehnten der englische Sozialpsychiater Douglas Bennett als

Prinzip aufgestellt – integraler Bestandteil der Behandlung psychischer Krankheiten sein.

Angehörige

Angehörige haben und fühlen eine besondere Verantwortung für ihre erkrankten Familienmitglieder. Sie sind erleichtert, wenn der Betroffene eine angemessene Beschäftigung hat. Durch fehlgeschlagene Versuche der Arbeitsaufnahme und daraus folgenden Krisen und Belastungen für die gesamte Familie haben sie jedoch oft schlechte Erfahrungen gemacht. Sie halten aus diesen Erfahrungen heraus die Erkrankten manchmal voreilig für nicht arbeitsfähig.

Sozialarbeiter und Pfleger

Die professionellen Helfer im psychosozialen Bereich lassen auch nicht gerne einen ihnen möglicherweise seit Jahren vertrauten Klienten in eine ungewisse Zukunft gehen. Genau wie im medizinischen Bereich wird die Qualität ihrer Arbeit zudem in der Regel nicht daran gemessen, ob sie jemanden in Arbeit vermitteln. Als Motivation bleibt die ethische Verpflichtung, Hilfen zu einer sinnerfüllten Arbeit zu geben.

Betreuer

Die gesetzlichen Betreuer, die manchem psychisch Kranken vom Familiengericht zugeordnet werden, und zwar zur Erledigung von Aufgaben, die man ihnen nicht mehr zutraut, stellen eine besondere Gruppe dar. Nicht die enge quasitherapeutische Beziehung, sondern rechtliche Erwägungen stehen im Vordergrund. Das Thema »Arbeit« bleibt eines unter vielen.

Arbeitsagentur

Die Mitarbeiter der örtlichen Arbeitsagentur, der ARGE und anderer Leistungsträger wie Krankenversicherungen, Rentenversicherungen, Integrationsämtern und Sozialämtern stehen vielfach in einem Interessenkonflikt: Ihr erklärter Auftrag und ihre fachliche Ethik motivieren sie, rechtliche und finanzielle Hilfen zu gewähren. Die betriebswirtschaftliche Steuerung jedoch – Budgetkontrollen bis herunter auf die Mitarbeiterebene – zwingt sie indes zu äußerster Zurückhaltung und erschwert oftmals ihre Arbeit.

Reha-Einrichtungen

Verbündete bei der Motivation zur Arbeit finden

Klient und Berater auf jeden Fall in den Mitarbeitern aller Dienste und Einrichtungen der beruflichen Förderung und Rehabilitation, die einen sichtbaren Vorteil verzeichnen, wenn sie Interessenten erfolgreich integrieren.

Dabei helfen Erkenntnisse aus der Rehabilitationsforschung: Am Anfang einer Maßnahme nämlich, bevor eine praktische Erprobung möglich ist, kann kaum festgestellt werden, welche Klienten Erfolgschancen haben. Eine vorschnelle Selektion hilft also nicht. Erst nach einer geraumen Zeit der Eingewöhnung kann eine fundierte Prognose vorgenommen werden. Dieses stufenweise Vorgehen nützt nicht nur dem Klienten, sondern auch den Mitarbeitern, deren Arbeitsplatzsicherung an vorgegebene Integrationserfolge gebunden sind.

← **Klienten**

Und der Klient selbst? Welche Motivation bringt er für Lebensveränderungen Richtung Erwerbstätigkeit mit? Er läuft Gefahr, das mühsam, möglicherweise über lange Jahre der Arbeitslosigkeit aufgebaute Gleichgewicht zu verlieren, wenn er seinen sicheren Hort der »Betreuung« aufgibt.

Auch Dritte üben aus nachvollziehbaren Gründen Druck aus, die Familie zum Beispiel und jene, die unter den Bestimmungen des Arbeitslosengeldes oder der Krankengeldzahlung arbeiten und entscheiden müssen.

Da der Betroffene viel zu verlieren hat, mehr als alle anderen Beteiligten, gilt ein wichtiges Prinzip der erfolgreichen Integration: Er weiß am besten, wann der Zeitpunkt gekommen ist, Fragen zur Erwerbsarbeit anzugehen (Ciompi 1990). Deshalb sollte man ihm die Entscheidung zum Start dieses Prozesses überlassen. Alle anderen haben die begleitende Aufgabe, ihm Orientierung und Information zu geben.

Daraus folgt: Berufsorientierende Beratung arbeitet in einem gegebenen Kontext und ist grundsätzlich ergebnisoffen. Sie ist dann erfolgreich, wenn sie die benannten Vor- und Nachteile realistisch sieht, alle Beteiligten informiert und ihnen die Chance der Mitwirkung gibt, damit gemeinsam eine hoffnungsvolle Perspektive aufgebaut werden kann.

Die empirische Grundlage für dieses Vorgehen geben die genannten Forschungen von Luc Ciompi. Er hat festgestellt: Nicht die Diagnose oder die medizinisch feststellbaren Symptome sind ausschlaggebend für Erfolg oder Misserfolg bei beruflicher Eingliederung, sondern entscheidend ist vielmehr die positive, aber realistische Grundeinstellung seines persönlichen Umfeldes.

TIPP → Berufliche Beratung bezieht relevante Personen und Dienste ein, um den Klienten durch eine förderliche Grundhaltung zu unterstützen.

Von der Integration zur Inklusion

Weltweit hat sich in den letzten beiden Jahrzehnten ein Paradigmenwechsel in der Rehabilitation behinderter Personen durchgesetzt. In den deutschsprachigen Ländern hat sich das auch rechtlich ausgewirkt.

Höhepunkt des behindertenpolitischen Wandels war die Charta der Vereinten Nationen zu den Rechten behinderter Menschen, die als UN-Konvention auch vom Deutschen Bundestag ratifiziert wurde. Sie stellt die Selbstbestimmung des Behinderten über alles andere. Sie sieht nicht in erster Linie den betroffenen Menschen als behindert an, sondern seine Umwelt, die ihn behindert.

Dabei vollzog sich ein Haltungswechsel weg von der Integration hin zur Inklusion. »Integration« ist die Versorgung in und durch Dienste und Einrichtungen, die sich zwar zunehmend mitten im Gemeinwesen befinden mögen, aber von der Umwelt weitgehend abgeschottet sind – das Musterbeispiel dafür sind Heime und Sonderschulen. »Inklusion« ist die Hereinnahme der Betroffenen in normale Lebenszusammenhänge, etwa in das Betreute Wohnen und auch in angemessene Arbeitsplätze innerhalb von Betrieben des allgemeinen Arbeitsmarktes statt in spezielle Einrichtungen.

Es ist gelungen, im Artikel 3 des deutschen Grundgesetzes ein Verbot der Benachteiligung behinderter Menschen zu verankern und rechtliche Gleichstellung und Barrierefreiheit in Sondergesetzen zu normieren.

Zu dieser Entwicklung passt es, dass auch die Behindertendiagnostik verschiedene Erweiterungen erfuhr. Die heute gebräuchliche International Classification of Functionality (ICF) lenkt, wie auch die UN-Konvention, den Blick auf das Zusammenspiel von individuellen Einschränkungen und Umwelteinflüssen.

Sie ergänzt die bisherige symptomorientierte Klassifikation der ICD und legt ein biopsychosoziales Modell zugrunde: Der Blick wird von den Auswirkungen der psychischen Erkrankung auf die Lebenssituation gelenkt – und damit auch auf die Erwerbstätigkeit. Aus diesem erweiterten Ansatz folgt eine multiprofessionelle Zusammenarbeit im Gesundheitswesen.

Für die Beratung psychisch erkrankter Menschen gilt deshalb die Devise: Beraterinnen und Berater müssen nicht jeden Paragrafen eines Gesetzes kennen, sie oder der Klient sollten aber jemanden zur Seite haben, der um die rechtlichen Voraussetzungen und Fallstricke weiß. Es empfiehlt sich, einen kollegialen Kontakt zu einem Rechtsexperten zu pflegen.

TIPP → Die Orientierung an den Ressourcen des Klienten ist gut für sein Selbstvertrauen, die Orientierung an den Defiziten ist notwendig, um das Recht auf rehabilitative Leistungen durchzusetzen.

Flexibilisierung und Individualisierung der Beratung

Die Rehabilitationsangebote werden zunehmend deinstitutionalisiert und auf individuelle Bedürfnisse hin flexibilisiert: Die berufliche Förderung wird von den traditionellen Anbietern wie Berufsbildungs- oder Berufsförderungswerke mehr und mehr in die Betriebe verlagert, Ausbildungsgänge und Maßnahmen werden stärker »gegliedert«: Statt Standardpakete werden viele kleine Päckchen entwickelt, beginnend mit einem Assessment und praktischer Erprobung, um dem jeweiligen individuellen Förderbedarf besser und preiswerter gerecht zu werden. Bestimmte Phasen der Förderung werden überbetrieblich, andere hingegen betrieblich durchgeführt. Die Beruflichen Trainingszentren waren Vorreiter dieser Entwicklung, da sie von vornherein betrieblich organisiert und zum Beispiel durch Praktika auf Kooperation mit Firmen in der Regionen angelegt waren. Sie haben zudem Integrationsfirmen gegründet, um auch jenen Absolventen, die in anderen Betrieben keinen Job finden und eine besondere Unterstützung am Arbeitsplatz brauchen, bessere Chancen geben.

Höhepunkt der Individualisierung und Flexibilisierung, auch im Rehabilitationsprozess, ist das »Persönliche Budget«. Hier wird – idealtypisch – der Förderbedarf eines Betroffenen auf der Basis vorausgegangener Beratungen und Erprobungen möglichst genau berechnet. Der Betroffene erhält statt der Sachleistung (also einer Maßnahme in einer bestimmten Einrichtung) einen Geldbetrag, mit dem er sich die Leistung selbst einkaufen kann. Diese neue Freiheit auf dem komplizierten Anbietermarkt können aber jene »Reha-Kunden« nur nutzen, wenn ihnen eine fachkompetente »Verbraucherberatung« zur Seite gestellt wird. Diese allerdings muss erst noch aufgebaut werden.

Der Wandel in der Behindertenpolitik ist im Wesentlichen eine Folge emanzipatorischer Bewegungen in der psychosozialen Arbeit, wie er sich etwa mit dem Empowermentansatz (Knuf 2009) verbindet. Dieser plädiert dafür – vereinfacht ausgedrückt –, benachteiligte Menschen nicht primär zu *betreuen*, sondern sie zu *befähigen*, um für ihre Rechte in Einrichtungen, in der Kommune und auch in der Arbeitswelt zu kämpfen. Daraus wiederum resultierte das neue Verständnis von »Genesung«, aus dem angelsächsischen Raum kommend, wie es im »Recovery-Ansatz« (Amering / Schmolke 2007) vertreten wird. Das Ziel ist es, ein qualitätsvolles Leben mit und trotz psychischer Einschränkungen zu führen.

Auf der Ebene der individuellen Förderung wird dieser Ansatz durch das neue Instrument des Individuellen Behandlungs- und Rehabilitationsplanes (IBRP) aufgegriffen: Der Fortschritt liegt gerade nicht nur in der weiteren Schaffung von Diensten, sondern in ihrer qualitätsvollen Nutzung. Bei aller Skepsis und Gefahr einer erneuten bürokratischen »Vermessung« des Klienten betonen viele psychosoziale Dienste, dass der IBRP zu einer systematischen Orientierung an den Ressourcen des Einzelnen verholfen habe.

Der Wandel in der Arbeitswelt kann für psychisch Kranke in den kommenden Jahren gemeistert werden. Voraussetzung ist, dass rehabilitative Angebote auf einem guten Stand gehalten und individuelle Beratung und Zugänge angeboten werden.

Strukturen und Trends, um die das europäische Ausland uns immer wieder beneidet, helfen:

- Das Recht auf gesellschaftliche Teilhabe kann seit einigen Jahren für psychisch Kranke wesentlich besser verwirklicht werden, weil auch für sie heute die Vielfalt von arbeitsorientierten Rehabilitationsangeboten in allen Regionen Deutschlands offensteht, wenn sie eine gute Beratung erfahren.
- Örtliche Wegweiser, Vernetzungen und Runde Tische sorgen für Weiterentwicklung und Qualitätskontrolle, unterstützt vom Kölner Instrumentarium.
- Die Bundesverbände der Psychiatrieerfahrenen und die Familienselbsthilfe Psychiatrie haben sich aktiv in die Interessenverbände der Professionellen eingebracht, weisen auf Missstände und Streichungen von Angeboten hin und arbeiten vor allem vor Ort erfolgreich im »Trialog«. Sie qualifizieren die Betroffenen durch eigene Weiterbildungen zu selbstbewussten Beratern und Begleitern im Integrationsprozess, »experienced involvement« genannt (Utschakowski u.a. 2009)

Auf der Verbandsebene werden all diese Bemühungen unterstützt beispielsweise von der *Aktion Psychisch Kranke*, die alle relevanten Themen aufgreift und eine umfassende Bestandsaufnahme mit Empfehlungen zur Teilhabe psychisch Kranker am Arbeitsleben erstellt hat. Die *Deutsche Gesellschaft für Soziale Psychiatrie* fungiert als Zusammenschluss aller Berufsgruppen, als Förderer von Teamstrukturen und integrierenden Fort- und Weiterbildungsprogrammen. Der *Dachverband Gemeindepsychiatrie* setzt sich, neben der Organisation von Tagungen und Öffentlichkeitsarbeit, auch im europäischen Raum für die Schaffung notwendiger Angebote vor Ort ein.

Die Gestaltung des Beratungsgesprächs

Zum Gelingen einer beruflichen Beratung gehören einerseits eine Gesprächskultur und eine Grundhaltung, die Hoffnung signalisieren, andererseits ein geeigneter Beratungsablauf, der praktische berufliche Perspektiven mit dem Klienten erarbeitet.

Klienten und ihre Angehörigen, aber auch Ärzte, Therapeutinnen, Sozialarbeiter, Ergotherapeutinnen und Pflegepersonal haben schon viele Male erlebt, wie schwierig das Arbeitsleben für Personen mit psychischen Beeinträchtigungen sein kann, wie es zur Wiedererkrankung beiträgt und wie auch gut gemeinte Hilfestellungen misslingen. Die Beteiligten scheuen sich oft mit Recht, erneute Enttäuschungen zu erleben, und weichen dem Thema »Arbeit und Erwerbstätigkeit« aus. Deshalb ist es von entscheidender Bedeutung, sich die erfolgreichen Elemente von Beratung zur Weichenstellung für neue berufliche Perspektiven klarzumachen und diese systematisch anzuwenden.

Ein Beratungsgespräch sollte so strukturiert und fundiert sein, dass eine nachhaltige Wirkung wahrscheinlicher wird, vor allem dann, wenn es das einzige Gespräch dieser Art bleibt und wenn die weiteren Schritte in andere Hände übergehen. In jedem Fall sollte ein hoffnungsvoller Anfang gesetzt werden. Wichtigste Themen sind dabei: Bildung und Arbeit, Familie und andere Bezugspersonen sowie die Krankheit und ihre Folgen. Die Analyse der derzeitigen Situation des Betroffenen, angemessene Empfehlungen, erste konkrete Schritte sowie eine Dokumentation des Gesprächs und seiner Ergebnisse schließen die Beratung ab.

Die Grundhaltung und das Beratungssetting

Die berufliche oder rehabilitative Beratung psychisch kranker Personen findet an verschiedenen Orten statt: in Kliniken, beim niedergelassenen Arzt oder Therapeuten, in einer Rehabilitationseinrichtung oder beim Leistungsträger. Der institutionelle Rahmen wird also sehr verschieden sein, es gibt jedoch einen minimalen gemeinsamen Nenner zu förderlichen Settings:

Das Gespräch findet in einem Raum statt, in dem das Telefon nicht klingelt und zumindest eine einladende Beratungsecke vorhanden ist. Respekt und Wertschätzung beginnen bei kleinen atmosphärischen Details. Das weiß jeder Mensch aus seinen eigenen Erfahrungen als Patient. Für psychisch kranke und stark verunsicherte Personen gilt das ganz besonders.

Einleitende Sätze können so klingen:

BEISPIEL → »Es tut mir leid, dass ich Sie habe warten lassen. Nun haben wir Ruhe und Zeit, um uns Ihren Fragen zu Arbeit und Beruf zu widmen. Gegen den Durst habe ich Wasser besorgt. Sagen Sie mir Bescheid, wenn es Ihnen zu warm oder zu kalt ist.«

BEISPIEL → »Das Gespräch wird zwischen ein und zwei Stunden dauern, wir können aber gerne dazwischen eine Pause einlegen.«

Der Klient mag dem Berater bereits bekannt sein oder auch zum ersten Mal begegnen, gut ist es immer, wenn sich eine gespannte Neugier einstellt, geprägt vom Interesse an den Erfahrungen des Klienten und vom Suchen nach Zusammenhängen von Arbeit und Krankheit. Es ist das Ziel des Beraters, weiterführende Schritte zu finden und damit Zuversicht zu verbreiten.

Die Aufgabe des Beraters ist es, berufliche Erfahrungen des Klienten ans Licht zu heben und sie im Kontext der Lebensgeschichte neu zu beleuchten. Es ist nicht notwendig, dass sich der Berater in der vergangenen oder gegenwärtigen Arbeitswelt des Klienten schon vor dem Gespräch auskennt, denn der Klient ist der Experte für seine eigenen Erfahrungen.

Es ist untersucht und erwiesen, dass Beratungsgespräche dann wirksam sind, wenn es gelingt, im Gespräch eine Beziehung zwischen Berater und Klient aufzubauen. Dies wirkt als Quelle der Motivation und Zuversicht für weitere Schritte (Grawe 2000; Miller/Rollnick 2009).

Bewährt hat sich, die zentralen Fragen und Mitteilungen des Klienten möglichst wörtlich zu notieren, um am Ende des Gesprächs darauf zurückzukommen.

Zuversicht und Ermutigung können auch Personen aus dem Umfeld geben. Deshalb geht gleich zu Beginn der Blick auf wichtige Bezugspersonen des Klienten. Es kann sein, dass er einen Familienangehörigen, Freund oder professionellen Helfer zum Gespräch mitgebracht hat, der ebenso zu seinen Erwartungen befragt wird. Wenn der Klient allein kommt, sollte man im Laufe des Gesprächs versuchen, ein Gefühl dafür zu entwickeln, welche wichtigen anderen Personen im Leben des Klienten Einfluss (gehabt) haben und deshalb im Geiste mit dabei sind.

BEISPIEL → »Wir sind hier, um Fragen zu Arbeit und Beruf zu beraten. Welche Erwartungen an das Gespräch sollen erfüllt werden, damit Sie am Ende mit einem guten Gefühl durch die Türe gehen können?«

BEISPIEL → »Sie leben bei den Eltern, was würden diese von dem Gespräch erwarten, wenn sie dabei sein könnten?«

BEISPIEL → »Ihr Sozialarbeiter hat Sie auf das Gespräch hier aufmerksam gemacht, er konnte heute leider nicht mitkommen. Was meinen Sie, was er erwartet?«

Bei einem solchen Vorgehen integriert sich der Berater in das bereits bestehende Netz von Personen, die für den Klienten wichtig und vertraut sind, und kann dadurch mehr Wirkung erzielen.

TIPP → **Erfolg versprechend im Beratungsgespräch ist eine neugierige und hoffnungsvolle Grundhaltung der Beratenden.**

Die Kompetenz des Beraters

Manche psychosozialen Helfer zweifeln an ihrer Kompetenz für die berufliche Beratung, weil das nicht ihr Arbeitsschwerpunkt ist. In der Tat liegen die Kernkompetenzen von Ärztinnen, Sozialarbeitern, Pflegepersonen oder Ergotherapeutinnen jeweils auf anderen Gebieten. Die Frage liegt nahe, warum die seit Jahren ausgebildeten und anerkannten Rehabilitationsberater der Leistungsträger und rehabilitativen Dienste mit ihren Kompetenzen nicht genügen und zur Stelle sind, wenn berufliche Beratung notwendig ist. Wie gut wäre es, wenn ein rehabilitativ orientierter Berater in einer Klinik arbeiten könnte. Die Erfahrung zeigt jedoch, dass bei der hier geforderten frühen Beratung direkt nach einer Krise und während der Krankheitsphase diese Mitarbeiter meist nicht am Ort des Geschehens verfügbar sind.

Die Praxis hat auch gezeigt, dass die Durchführung beruflicher Beratung psychisch Erkrankter weniger eine spezielle Ausbildung als vielmehr einige grundlegende Haltungen und Fähigkeiten erfordert. Ein »learning by doing« ist durchaus zulässig. Wissenschaftliche Untersuchungen haben dies bestätigt (Grawe 2000; Miller / Rollnick 2009).

Manchmal kann es gut sein, die geforderten Kompetenzen in Form von Seminaren, Workshops und Fortbildungen zu erwerben. Viele Angebote führen aber, weil sehr kognitiv angelegt, nicht zur Veränderung der Praxis. Es ist meine tiefe Überzeugung, dass Mut, Motivation und gemeinsames Handeln an erster Stelle stehen, um eine gute Wirkung der beruflichen Beratung für psychisch Kranke zu erzielen.

Berufliche Beratung ist dann wirksam, wenn der Berater:

- mehr zuhört als spricht, sich mehr interessiert als »predigt«,
- von Anfang an mit klarer Motivation das Thema »Arbeit« anspricht,
- es versteht, berufliche Fragen mit anderen Lebensbereichen in Verbindung zu bringen und zu vertiefen,
- von seiner Vorgehensweise überzeugt ist und dies lebendig vermitteln kann,

- sich selbst als Beispiel nicht ausspart,
- verinnerlicht, dass der Klient der Experte und Verantwortliche für seine Angelegenheiten ist, dem er bei der Koordination hilft und für Unterstützung und Kooperation im Umfeld sorgt.

Die Beratenden benötigen Mut und Motivation, besonders wenn sie frühzeitig nach einer Krise oder noch während einer Krankheitsphase tätig werden. Gerade wenn Ängste und Nöte im Vordergrund stehen, sollten sie dem Klienten durch eine hoffnungsvolle Perspektive auf das Privat- und Arbeitsleben ein »Geländer« zu bauen versuchen.

Motivation

BEISPIEL → ARZT »Ich sehe, dass Sie unter Druck stehen und wissen wollen, ob Ihr Arbeitsplatz noch sicher ist. Ich bin auf diesem Gebiet kein Experte, Sie können mir aber über Ihre bisherige Arbeit berichten, und dann können wir gemeinsam überlegen, was zu tun ist und wer uns weiterhelfen kann.«

Eine weitere Bedingung ist die Erkenntnis, dass der Klient selbst der Experte seiner Lebens- und Arbeitsgeschichte ist. Es ist die Aufgabe des Beraters, zuzuhören und zu verstehen, wie Herkunft und Familie, Bildung und Arbeit und schließlich Krankheit und deren Überwindung ineinandergreifen. Das ist der Humus für eine gelingende Beratung und schützt vor den immer wieder praktizierten »Schnellschüssen«, nach dem Motto: »Hier ist eine Adresse, an die Sie sich wenden können«, was den Klienten oft nur noch hilfloser macht.

Klient als Experte

Eng damit verbunden ist eine förderliche Grundhaltung in dem Sinn, dass Beratende sich selbst als praktisches Beispiel nehmen. Sie sind nicht die »ganz anderen«. Auch sie kennen Wechselwirkungen zwischen der eigenen familiären Herkunft, den Weichenstellungen in Schule und Berufsausbildung, beim Studium und dann beim Eintritt ins Arbeitsleben bis hin zur derzeitigen beruflichen Tätigkeit. Hier auf Entdeckungsreise bei sich selbst zu gehen und im Gespräch immer wieder, situativ passend, eigene Erfahrungen einzustreuen, schafft Solidarität, und möglicherweise fühlt sich der Klient auch besser verstanden.

Beratererfahrungen

BEISPIEL → KLIENT »Sie werden das nicht verstehen, aber ich habe nur kurze wechselnde Arbeitsstellen gehabt und immer wieder verloren bei der nächsten Erkrankung. Mir fehlt eine gerade Linie.«

THERAPEUT »Ich kann mich in diese Situation einfühlen, da ich selbst am Anfang meines Arbeitslebens häufig die Stellen gewechselt habe. Erst als mir klarer wurde, was ich wirklich will und was ich kann, ging es besser. Ich schlage Ihnen vor, unsere nächste Gesprächszeit speziell dem Thema ›Arbeit und Beruf‹ zu widmen. Vielleicht können wir eine weiterführende Linie und Perspektive entdecken.«

Örtliche Vernetzung

Eine weitere Fähigkeit besteht darin, andere professionelle Helfer zum richtigen Zeitpunkt am richtigen Ort einzubeziehen. Im Zeichen kommunaler Vernetzung wird das in Zukunft immer besser gelingen.

BEISPIEL → SOZIALARBEITERIN »Hier in der Klinik habe ich in den vergangenen Tagen gesehen, dass Sie wieder Kraft schöpfen und aktiv sein können. Sie haben mir gesagt, dass Ihre Stelle als Hausmeister gekündigt wurde, und ich verstehe Ihre Angst, zu Hause in eine Sackgasse zu geraten. Ich werde versuchen, vor der Entlassung ein gemeinsames Gespräch mit dem Integrationsfachdienst und dem niedergelassenen Ergotherapeuten zu vereinbaren mit dem Ziel, Sie nach der Entlassung bei neuer Arbeitssuche zu unterstützen.«

Teamlösungen

Um zu intelligenten Lösungen zu kommen, hilft es, die Struktur des Teams und die des institutionellen Rahmens zu erkennen und zu nutzen.

BEISPIEL → IM STATIONSTEAM »Eigentlich haben wir keine Zeit und keine Fachkraft für die beruflichen Fragen unserer Patienten. Sie werden viel zu rasch entlassen. Bei Patienten mit großen Arbeitsproblemen müssen wir aber etwas tun! Vielleicht kann jeder etwas beitragen und in seinen normalen Ablauf einbauen:

Bei der Erhebung der Anamnese denkt der Arzt schon mal an die arbeitsbezogenen Daten, die Stationsschwester und ihre Kolleginnen hören am ehesten, wo die Ängste und Nöte des Patienten liegen, die Ergotherapeutin ergänzt die Anamnese mit den persönlichen Arbeitserfahrungen des Patienten. In 1–2 Stunden, die in der ergotherapeutischen Behandlungszeit reserviert werden, können wir alles zusammenfassen und sehen, ob und wenn ja, welche Außentermine der Sozialarbeiter mit rehabilitativen Diensten planen sollte.«

Das ist ein Beispiel für einen kreativen Akt im Team. Die Lösung kostet nicht mehr Zeit und ist in den normalen Ablauf integrierbar.

Struktur und Konzepte

Nach Sichtung der Materialien und Unterlagen sollte der Berater entsprechend seiner Profession und seinem vorgegebenen Arbeitsrahmen ein eigenes Konzept entwickeln, nach dem er vorgehen kann. Bei der Beratung der Klienten ist es erforderlich, alle Formen der Arbeit und Beschäftigung einzubeziehen. Die Abbildung 1 gibt Empfehlungen für ein umfassendes Konzept und für eine gelungene Strukturierung.

Zwischen »nichts tun« und »etwas tun« können Welten und Ideologien liegen. Die Begriffe »Arbeit« und »Beschäftigung« werden in diesem Buch als umfassende Begriffe verwendet. Der Begriff »Beruf« ist ein Unterbegriff, mit dem Ausbildungs- und Studienabschlüsse sowie spezielle Qualifikationen und Kompetenzen verbunden werden. Berufliche Beratung bezieht sich auf die *gesamte* Palette (Weber 2005; Mecklenburg / Storck 2008).

Heikle Situationen

Es gibt Tage und Situationen, da klappt manches nicht, und der Berater fragt sich, woran das liegt. Eine für alle Beratungsgespräche typische und oftmals ärgerliche Situation, nämlich dass der Klient nicht kommt, wird meist durch vereinbarte Regeln entgegengewirkt. Ebenso verhält es sich, wenn er zu spät kommt und entschieden werden muss, ob die Beratung kürzer ausfällt oder ob es besser ist, wenn ein neuer Termin ausgemacht wird. Bei Beratungen aller Art kann es sodann vorkommen, dass schon zu Beginn eine Missstimmung zwischen beiden Personen die so wichtige Herstellung des Kontaktes behindert. Dies offen anzusprechen ist immer ein Mittel der Wahl und vielleicht eine Chance, den Auftrag erneut zu klären.

ABBILDUNG 1 Formen der Arbeit und Beschäftigung

Eigenarbeit
Arbeiten in der Familie (als Mutter und Hausfrau etc.)
Handwerkliche / dienstleistende Tätigkeiten im häuslichen Bereich und außerhalb (Gartenarbeiten etc.)
Fort- und Weiterbildungsaktivitäten
Schul-, Bildungs- und Ausbildungsarbeit
Alle Arten von Schulen
Alle Arten von Vorbereitung auf Ausbildung
Teilqualifikationen
Ausbildung und Studium
Ehrenamtliche Arbeit
Arbeit für Vereinigungen aller Art (Sportvereine, Kirchengemeinde etc.)
Private Unterstützung anderer Menschen (Hilfen geben am PC etc.)
Betreute Arbeit
Tagesstruktur im Rahmen eines psychosozialen Angebotes
Zuverdienst in Form stundenweiser Beschäftigung
Tagesstätte
Rehabilitative Arbeit
Arbeitstherapeutische Angebote
Maßnahmen der medizinisch-beruflichen Rehabilitation
Maßnahmen der beruflichen Rehabilitation
Erprobungen, Hospitationen, Praktika
Freiberufliche Arbeit
Künstlerische Tätigkeit
Alle Arten von bezahlter Eigen- oder Auftragsarbeit mit und ohne Sozialversicherung
Sozialversicherungspflichtige Arbeit
Alle Arten von versicherungspflichtiger, entlohnter Arbeit auf dem allgemeinen Arbeitsmarkt (inkl. Integrationsfirmen)

Krisenhafte Situation: Wenn der Klient in einer psychisch labilen oder krisenhaften Situation kommt, muss der Berater nach seiner Intuition entscheiden, ob das augenblickliche, eventuell dringende Anliegen nun im Vordergrund steht und besprochen wird oder ob ein neuer Termin besser wäre. Ich neige hier zu einer Kurzberatung, da eine hoffnungsvolle berufliche Perspektive auch die gesamte psychische Verfassung positiv beeinflussen kann. Jedoch wird sich in der Regel ein zweiter Termin anschließen.

Zu große Erwartungen: Wenn der Klient mit Erwartungen kommt, die der Berater nicht erfüllen kann, etwa dass er eine Stelle vermitteln kann oder einer beruflichen Zielsetzung zum Durchbruch verhilft, die vorher mehrmals abgelehnt wurde, dann kann es zu Ärger auf beiden Seiten kommen.

Es empfiehlt sich hier gleich zu Beginn des Gespräches, durch die Frage nach Ziel und Auftrag des Klienten den realistischen Rahmen zu erklären und deutlich zu machen, dass das Gespräch vor allem Empfehlungen, Zielplanung und Schritte in die richtige Richtung leisten kann.

Kollidierende Interessen: Wenn das schriftliche Ergebnis Ärgernis erregt bei den Bezugspersonen, die Kopien erhalten haben, ist das zunächst ein Zeichen von Engagement, das Wertschätzung verdient. Sollten verschiedene Meinungen zu Punkten des schriftlichen Ergebnisses im Raum stehen, so ist der Klient selbst schließlich der Experte, der seine Entscheidungen fällt. Wenn notwendig, dann kann ihn ein weiteres Gespräch dabei unterstützen.

Elemente des Beratungsgesprächs

Ziele

Auch wenn dem Berater das Ziel des Gesprächs klar zu sein scheint – der Klient will seine beruflichen Probleme klären –, ist eine spezielle Frage zur Zielsetzung am Anfang des Gesprächs notwendig. Dadurch können Erwartungen auf beiden Seiten realistisch gestaltet werden. Eng verbunden mit dem Ziel und den Erwartungen ist der »Auftrag«, den die Klienten den Beratenden geben.

Dabei unterscheidet man:

- die Fremdbeauftragung durch private oder professionelle Bezugspersonen, zum Beispiel durch die Kostenträger, um berufliche Perspektiven zu klären, sowie
- die Eigenbeauftragung durch den Klienten selbst, der ein Interesse hat, in seiner beruflichen Situation voranzukommen.

TIPP → Die Frage zur Zielsetzung und zu den Erwartungen an das Gespräch kommt einem »Auftrag« des Klienten an den Berater gleich – ein unerlässlicher Schritt in der Beratung.

Ein Beispiel für eine Eigenbeauftragung:

BEISPIEL → BERATER »Sie sind gekommen, um Ihre beruflichen Probleme zu besprechen. Können Sie mir sagen, welche Ziele Sie sich für dieses Gespräch gesteckt haben und was Sie als Ergebnis erwarten?«

Ein Beispiel für eine Fremdbeauftragung:

BEISPIEL → KLIENT »Mein Sozialarbeiter hat mir gesagt, ich müsste mich jetzt mehr um Arbeit kümmern.«

BERATERIN »Wie sehen Sie selbst die Lage und das Ziel für heute?«

So gut eine eigene Zielsetzung ist, so konstruktiv kann auch eine Fremdbeauftragung genutzt werden. Kommt keine klare Antwort auf die Frage nach dem Auftrag zustande, so kann der Berater selbst ein aus seiner Sicht realistisches Ziel formulieren und anregen.

Unterlagen und Lebenslauf

Wenn es um berufliche Fragen geht, sind viele Berater und Klienten daran gewöhnt, möglichst viele Unterlagen als Grundlage des Gesprächs zu beschaffen, und ärgern sich, wenn sie nicht vorliegen. Das kostet Zeit, und es können Wochen vergehen, bis endlich ein Gesprächstermin zustande kommt. Beratende sollten allerdings nicht zu fixiert sein auf Unterlagen, denn oft sind diese veraltet und die aktuellen Fragen viel relevanter für die weitere Orientierung der Klienten.

Ohne Unterlagen zu arbeiten kann sogar eine Stärke sein: Der Berater verlässt sich auf seine Wahrnehmung und auf die Informationen des Klienten. Er verringert gleichzeitig das Gefälle, das immer dann entsteht, wenn der eine in Akten und Papieren blättert, während sich der andere ganz »nackt« oder hilflos fühlt. Es schadet nichts, wenn sich auch der Berater schrittweise an die Gesamtsituation herantastet. Er ist dann offener für die Wechselwirkung zwischen Arbeit, Krankheit und Familie, was nämlich meistens in Unterlagen nicht beschrieben wird. Eine Unterlage ist allerdings hilfreich. Der Lebenslauf, vom Klienten mitgebracht – in welcher Form auch immer –, sollte enthalten: Daten zu Schule, Ausbildung, Arbeitsstellen, Arbeitslosigkeit und Fördermaßnahmen. Sollten auch andere Unterlagen vorhanden sein, sind diese selbstverständlich einzubeziehen und als hilfreich anzusehen.

BEISPIEL → »Es ist gut, dass Sie Ihren Lebenslauf mitgebracht haben. Andere Unterlagen benötigen wir für dieses Gespräch erst mal nicht. Ich werde Sie zu Ihren Arbeitserfahrungen befragen und auch zu Ihrer gesundheitlichen und persönlichen Situation.«

Wechselwirkung zwischen Arbeit, Familie und Krankheit

Das Thema »Arbeit« steht zwar im Vordergrund bei rehabilitativen Beratungen, wird jedoch in seiner Komplexität verständlicher, wenn Informationen zu den Berufen der Familiemitglieder und ihrer Traditionen hinzukommen. Auch die Aspekte von Gesundheit und Krankheit durchziehen die Anamnese. Im Verlauf des Gesprächs wird deutlich, wie verwoben die Themen miteinander sind, wie die Arbeit durch familiäre Vorgaben und Krankheit beeinflusst wird. Es hilft dabei, das Gespräch immer wieder von den reinen Fakten auf die Selbsteinschätzung des Klienten zu lenken: »Wie haben Sie das für sich bewertet und was hat das bewirkt?« Die

Einschätzung des Beraters kommt hinzu, zunächst möglichst wertschätzend. Sie kann dann, eher gegen Ende des Gesprächs, auch kritisch sein und neben die Einschätzung des Klienten gestelltwerden.

Der Klient wird viele Gespräche, entweder zur Arbeit oder zur Familie oder zur Krankheit, bereits erlebt haben. Es macht die Qualität dieses Gesprächs aus, die Wechselwirkung der Themen kennenzulernen und zu thematisieren sowie schließlich für Bewertung und Empfehlungsschritte zu nutzen. Dieser Erkenntnisprozess ist für Berater und Klient gleichermaßen wichtig.

BEISPIEL → BERATER »Ich werde versuchen, Zusammenhänge zu verstehen, die uns helfen, realistische Empfehlungen und konkrete Schritte auszuarbeiten.«

TIPP → **Die Erörterung der Wechselwirkung zwischen Arbeit, Familie, Gesundheit und Krankheit führt zu wichtigen Erkenntnissen bei den Beratenden und bei den Klienten. Die Selbsteinschätzung der Klienten hat besondere Bedeutung.**

Schriftliche Dokumentation

Eines der ungewöhnlichsten, aber für mich wirkungsvollsten Elemente des Beratungsgespräches ist das gemeinsame Aufschreiben der Ergebnisse.

BEISPIEL → »Mit Ihrer Unterstützung soll dies in der zweiten Hälfte des Gesprächs aufgeschrieben werden. Das schriftliche Ergebnis gehört Ihnen. Damit haben Sie am Ende des Gesprächs meine Empfehlung schriftlich, auch als Gedächtnisstütze. Wenn es hilfreich ist, können Sie selbst Kopien an wichtige Personen weitergeben.«

Davon ist nicht jeder Berater sofort überzeugt, sei es, dass er dies für zu zeitaufwendig hält, sei es, dass er sich unsicher fühlt, in Gegenwart des Klienten zu schreiben, sei es, dass kein PC im Raum ist. Es gibt jedoch gute Gründe, diese Besonderheit zu pflegen:

Durch das gemeinsame Verfassen wird dokumentiert, dass der Klient nicht nur Experte, sondern auch steuernde Person des weiteren Prozesses sein kann. Die Sprache des Ergebnisses wird dann eher der des Klienten entsprechen und kein professionelles Über-den-Kopf-weg-Formulieren sein, wie das in vielen Gutachten oder vertraulichen Arztbriefen der Fall ist. Während des Schreibens können vergessene Dinge nachgeholt werden. Der Berater wird durch die korrigierende Mitarbeit heilsam dazu gezwungen, Empfehlungen und konkrete weitere Schritte so zu formulieren, dass sie realistisch sind und Aussicht auf Erfolg haben.

BEISPIEL → Vor einiger Zeit beriet ich eine junge Frau. Als ich mich an den Laptop setzte und sie bat, neben mir die einzelnen Sätze zu überprüfen, hatte sie fast zu jedem Satz Änderungsvorschläge. Erst da bemerkte ich, wie sehr sie um einen selbstbestimmten Weg und mit mir um die richtigen Worte rang. Ich musste in Ruhe auf ihre Formulierungsvorschläge warten. Am Schluss sagte sie als Rückmeldung: »Ich hätte nicht gedacht, dass das Gespräch so professionell abläuft.«

Die Herausforderung, in jedem Falle zu einem tragfähigen Ergebnis zu kommen, dient dem Grundsatz, der bereits nach den Empfehlung der Expertenkommission im Anschluss an die Psychiatrie-Enquete formuliert wurde.

TIPP → **Keine Beratung ohne weiterführende Angebote der Förderung, keine Förderung ohne Schritte zur Integration in Arbeit. Deshalb richten sich Empfehlungen und Vereinbarungen des Beratungsgesprächs immer auf zu erreichende Ziele und fördernde Schritte.**

Wie diese speziellen Elemente des Settings und der Grundhaltung zu einem gelingenden Gespräch berücksichtigt werden, wird der einzelne Berater, je nach Ort und Kontext, in seiner persönlichen Art gestalten. Das Sprichwort gilt auch hier: »Es führen viele Wege nach Rom.«

Themen des Gesprächs

Die Beratung kreist inhaltlich um die Themen Arbeit, Familie, Gesundheit und Krankheit. Im Vordergrund steht das Thema Bildungs- und Arbeitsgeschichte, jedoch kommt man erst zu einer vertieften Wahrnehmung und realistischen Einschätzung einer tragfähigen Perspektive, wenn die berufliche Karriere vor dem Hintergrund der Familie, der wichtigen Bezugspersonen und der Entstehung und Auswirkung der Erkrankung gesehen wird. Überblick und Hilfestellung geben die folgenden Checklisten.

Die förderliche Grundhaltung betrifft:

- Räumliches Setting als Ausdruck einer Wertschätzung
- Zuversicht, Hoffnung erzeugen
- Bewusstsein, dass der Klient der »Experte auf seinem Gebiet« ist
- Klärung von Erwartungen, Zielen und des Auftrags
- Eingegangene Unterlagen sichten (»so wenig Unterlagen wie möglich«)
- Wechselwirkungen zwischen Arbeit, Familie / Bezugssystem und Krankheit bringen das Gespräch voran

Inhaltliche Schwerpunkte sollten sein:

- Schule, Ausbildung, Arbeitsverlauf
- Familie und relevantes Bezugssystem
- Gesundheit und Krankheit
- Derzeitiger Stand und Zusammenfassung bisheriger Maßnahmen
- Empfehlungen, konkrete Schritte und Vereinbarungen

Wer sich als Therapeutin, als Sozialarbeiter, als Pflegekraft, als Ergotherapeutin nur auf dem einen oder anderen Gebiet heimisch und sicher fühlt, dem seien zwei Hilfestellungen empfohlen: Erstens kann das Gespräch zu zweit geführt werden, wenn sich die Beratenden sinnvoll ergänzen. Wichtiger aber ist zweitens die entlastende Wahrnehmung, dass der Klient der Experte seiner Berufsbiografie ist. Er hat alle Bereiche im Auf und Ab seines Lebens erfahren. Der Berater ist derjenige, der dieses Wechselspiel durchschaubar zu machen versucht, Erreichtes würdigt und mit Interesse nach guten Lösungen sucht. Er muss deshalb nicht ein Alleswisser sein.

Bildungs- und Arbeitsgeschichte

Zu Beginn des Gesprächs geht es um Bildung, Erwerbstätigkeit und Beruf. Dabei richtet sich der Blick auf das gesamte Spektrum: Schulabschluss, Ausbildung, arbeitsähnliche Tätigkeiten aller Art, wozu auch ehrenamtliche Aktivitäten und Praktika gehören, Bundeswehr und Zivildienst, berufsspezifische Qualifikationen und Maßnahmen. Neben der Erwerbstätigkeit sind die Zeiten der Arbeitslosigkeit wichtig und die Frage danach, wie diese gefüllt wurden. Alles ist gleichermaßen interessant und wichtig und wird anhand des vorliegenden Lebenslaufs chronologisch erfragt. Die Beratenden sollten erst einmal versuchen, die Erfahrungen der Klienten so ungefiltert, wie sie geschildert werden, zu erfassen.

Nachfragen sind bei offensichtlichen Lücken wichtig, auch wenn manches »peinlich« sein kann, weil schwierige Zeiten zutage treten. Die Penetranz des Nachfragens kann durch Wertschätzung aufgewogen werden, etwa durch die Betonung der aufgebrachten Energie dafür, immer wieder »aufgestanden« zu sein nach Krisen.

Bei einem Klienten, der sehr wenig Arbeitserfahrung hat, fokussiert man am besten auf schulische Ausbildung und versucht, Ressourcen und Begabungen, aber auch Probleme und Defizite als Hinweise auf arbeitsbezogene Potenziale und Perspektiven zu betrachten. Ansonsten wird mit dem Schulabschluss oder gegebenenfalls -abbruch begonnen und das Interesse wird auf die Umstände der Arbeits- oder Berufswahl gelenkt.

Insbesondere bei noch jungen Klientinnen und Klienten ist es günstig, intensiver nach der Herkunftsfamilie zu fragen, da berufliche Weichenstellungen oft noch aktuell stark von ihr beeinflusst sind. Schon bei der Frage nach dem Schulabschluss könnte auch die Nachfrage nach den Berufen der Eltern einfließen. Klienten beantworten diese Frage in der Regel gerne. Manchmal wird rasch dabei klar, warum und wie es zur Ausbildungs- oder Berufswahl kam.

Sollte kein Lebenslauf vorliegen und der Klient sich an Details nicht mehr erinnern, dann bewährt es sich, durch sorgfältiges gemeinsames Ausrechnen der einzelnen Phasen zu einem Gesamtbild zu kommen: »Nehmen wir an, Sie haben Ihren Hauptschulabschluss mit 15 Jahren gemacht, dann bleiben uns zehn Jahre bis heute – welche Jobs hatten Sie in dieser Zeit?«

Einschätzungen

Aus den reinen Fakten entsteht Schritt für Schritt ein Bild von Wunsch und Wirklichkeit, von Erfolg und Misserfolg. Dabei kristallisiert sich durch die Fakten, die Einschätzung des Klienten und die Bewertung des Beraters allmählich ein immer vollständigeres Bild heraus.

Was immer dabei vom Klienten als negativ bewertet wird – und das wird häufig der Fall sein –, es wird verständnisvoll hingenommen, jedoch ab und zu positiver umgewertet:

BEISPIEL → BERATER »Sie sagen selbst, dass Sie sehr viele Stellen, manchmal nur kurzfristig, gehabt haben und nennen es ›Patchwork‹. Ich staune über Ihre Kraft, immer wieder eine Stelle zu suchen und sehr oft ja auch zu finden. Auch ich habe am Anfang meines Arbeitslebens einige kurzfristige Stellen gehabt und kann nachfühlen, was das bedeutet. Wenn man Ihre verschiedenen Zeiten nun zusammenzählt, so kommt man immerhin auf eine mindestens vier- bis fünfjährige Berufserfahrung.«

KLIENTIN »So habe ich das bisher noch nicht gehört, ich habe diese Abbrüche immer nur negativ gesehen ...«

Deutlich wird: Während des Abfragens von harten Daten und Fakten wird eine doppelte Spur der Selbstbewertung durch den Klienten und der Fremdbewertung durch den Berater sichtbar.

Es ist sehr erhellend, Fragen zu Fakten mit Bewertungsfragen abzuwechseln, um vergangene Erfahrungen, derzeitige Potenziale und mögliche Perspektiven verstehen und gemeinsam betrachten zu können.

Je weniger der Berater von den geschilderten berufsspezifischen Belangen und betrieblichen Rahmenbedingungen versteht – und das wird bei früher Beratung oft so sein –, desto wichtiger ist es, auf solche Aussagen näher einzugehen. Wenn ein Klient davon spricht, dass er gemobbt worden sei, dann ist es wichtig, sich dies anhand eines Beispiels konkret erklären zu lassen, um zu sehen, ob dies eher an zwischenmenschlichen Faktoren oder an Arbeitsplatzbedingungen lag.

BEISPIEL → KLIENT »In diesem Großraumbüro kam ich zunächst mit den Kollegen ganz gut klar, bis sie irgendwann begannen, mich zu mobben.«

BERATERIN »Können Sie mir ein Beispiel nennen, damit ich mir das vorstellen kann?«

KLIENT »Ich kannte die hier geforderte Software-Anwendung am besten und das wurde mir geneidet, teilweise sogar an meinem PC manipuliert.«

Die letzte Antwort könnte allerdings auch heißen:

KLIENT »Ich habe mich in den Pausen zurückgezogen, dafür wurde ich von den Kollegen gehänselt.«

Ebenso kann noch mal genauer nachgefragt werden, wenn der Klient berichtet, eine bestimmte Arbeitsstelle sei gut gewesen. Was versteht er unter »gut«? Beim Schildern der Fakten ist der Klient der Erfahrene und der Berater lässt sich führen. Dadurch entsteht ein wesentlich reichhaltigeres Bild als etwa bei üblichen Bewerbungsgesprächen, in denen die Neigung besteht, einiges »geschönt« darzustellen.

Wie kommen Beratende zu ihrer Stellungnahme und Empfehlung, wenn der Klient die gesamte Zeit über als der Experte betrachtet wird und steuernde Person bleibt? Heißt das, dass der Berater lediglich eine »Hebammenfunktion« hat, um hervorzubringen, was für den Klienten wichtig ist und was er wirklich will? Ja, das kann so sein und führt im besten Falle sogar zu neuen Erkenntnissen und zur besseren Selbststeuerung des Klienten.

Damit ich hier jedoch nicht falsch verstanden werde: Außer dieser Hebammenfunktion aktiviert der Berater seine einschlägigen beruflichen Erfahrungen. Alle Beteiligten profitieren davon, etwa wenn er auf dem Gebiet der beruflichen Förderung Kompetenzen mitbringt.

Grundsätze der Rehabilitation

Im Gesprächsprozess ist es wichtig, dass der Berater einige Grundsätze zur beruflichen Förderung verinnerlicht, die spätestens bei den Formulierungen der Empfehlung ins Gewicht fallen. Hier seien die drei wichtigsten Grundsätze genannt:

- Junge Menschen sollten alle Hilfen erhalten, um eine Ausbildung oder Qualifizierung möglichst auch abzuschließen.
- Nach einer psychischen Erkrankung sollten bereits vorhandene Berufserfahrungen möglichst breit genutzt und zusätzlicher Stress durch ganz neue berufliche Wege und Identitäten vermieden werden, um Unsicherheiten nicht noch zu erhöhen.
- Die derzeitige Belastungsfähigkeit kann im Gespräch zwar durch konkrete Beispiele verdeutlicht und eingeschätzt, aber nur durch praktisches Erproben erfahren, festgestellt und überprüft werden. Die praktische Erprobung bestätigt oder widerlegt immer wieder Einschätzungen des Gesprächs und führt schließlich zu validierten Aussagen.

Die Bildungs- und Berufsgeschichte wird reichhaltiger und realistischer, wenn die Fakten um die Selbsteinschätzung des Klienten und der Fremdeinschätzung des Beraters ergänzt werden.

Bedeutung der Familie und anderer Bezugspersonen

Wann und wie das Thema »Familie« in das Gespräch eingeführt wird, werden die Beratenden je nach eigener Erfahrung, nach Interesse und nach dem Respekt vor Mitteilungen aus dem Privatleben entscheiden.

Für manche Beraterinnen und Berater wird dies ein ganz normales Thema sein, andere empfinden es als heikel und fühlen sich unsicher mit ihrer Befürchtung, eventuell etwas »lostreten« zu können. Ich kann aus eigener Erfahrung jedoch feststellen, dass arbeitsbezogene Fragen in Bezug auf die Familie überwiegend gerne beantwortet werden.

Der Vorteil, familiäre Orientierungen frühzeitig ⟵ **Familiäre Belastungen** ins Gespräch einzubringen, liegt darin, den Einfluss der Herkunftsfamilie auf berufliche Schritte besser erkennen zu können. Es wird jedoch immer wieder Berater geben, die dieses intimere Feld erst einmal »schützen« wollen und später darauf zu sprechen kommen. So oder so: Es gilt zu verstehen, welchen Stellenwert Erwerbsarbeit und Beruf in der Familie haben und welche Vorbilder, Wertungen und Probleme existieren. Vielleicht haben auch Belastungen und Krankheiten anderer Familienangehöriger den Klienten beeinflusst.

Unklare Vorstellungen eines jugendlichen Klienten führen häufig zur Anpassung an einen elterlichen Rat, der später vom Klienten negativ bewertet werden kann.

BEISPIEL → BERATERIN »Sie haben mir gesagt, dass Ihr Vater es gerne gesehen hätte, dass Sie – wie er – in der Verwaltung tätig werden. Ihre Mutter, selbst Krankenschwester, hat Ihnen einen sozialen Beruf empfohlen. Sie selbst wussten damals gar nicht genau, was Sie wirklich wollten. Wenn ich zurückdenke, dass es mir und eigentlich vielen um mich herum nach Beendigung der Schulzeit ähnlich ging, kann ich mich gut in Ihre Situation versetzen. Der Vater drängte Sie dann dazu, eine Entscheidung zu treffen. Sie sind Bürokauffrau geworden, standen aber nie richtig hinter dieser Entscheidung. Ich verstehe jetzt, dass Sie nun, nach der eigenen Erkrankung, neue Perspektiven suchen, die besser Ihren Interessen und Begabungen entsprechen.«

Ein anderes Problem ist, dass mitfühlende Klienten immer wieder ihre berufliche Karriere zugunsten der Fürsorge für die Eltern aufgeben, manchmal um den Preis, dass sie darüber krank werden.

BEISPIEL → KLIENTIN »Und dann kam plötzlich alles zusammen: Mein Vater wurde pflegebedürftig, die Wohnung wurde mir gekündigt und die Stelle wurde wegrationalisiert. Ich fühlte mich sehr schlecht und musste meiner Mutter bei der Pflege meines Vaters beistehen und auch ganz praktisch helfen. Ich konnte erst wieder nach zwei Jahren eine neue Stelle antreten.«

Familien können aber auch arbeitsbezogene Möglichkeiten und Chancen anbieten, wenn man sie bittet.

BEISPIEL → BERATERIN »Sie haben berichtet, dass Ihr Onkel einen Installationsbetrieb hat. Können Sie sich vorstellen, als einen der nächsten Schritte dort ein Praktikum zu machen oder von ihm einen Hinweis für einen anderen Betrieb zu bekommen?«

Erwachsenwerden

Der Weg durch das Bildungssystem hin zur Erwerbsarbeit markiert die Entwicklung zum selbstständigen Erwachsenen. Oftmals weist dieser Abschnitt auch auf die nicht gelungene Ablösung von der Ursprungsfamilie hin, die eine erwachsene, selbst verantwortete Form einer beruflichen Tätigkeit erschweren kann.

Immer wieder unterschätzen psychosoziale Helferinnen und Helfer die Auswirkungen der Bindung ihrer Klienten zu ihrer Herkunftsfamilie. Schaut man aus diesem Blickwinkel auf die jeweilige Arbeitsgeschichte, so wird oft deutlich, wie sehr zum Beispiel mangelnde Energie und fehlender Erfolg mit einer tiefen Verbundenheit und Solidarität zu Vorfahren, zu Eltern oder Geschwistern – zum Beispiel zu einem behinderten Bruder – zu tun haben.

Wenn der Prozess des Selbstständigwerdens nicht in Therapie und Rehabilitation aktiviert werden kann und erwachsene Söhne und Töchter weiterhin zu Hause bekocht und betreut werden, dann bietet sich oftmals auch nur »betreute Arbeit« an.

TIPP → **Prognostisch günstig ist ein klares Interesse des Klienten an Ausbildung und Arbeit und die Einbeziehung seiner Erkenntnis, dass eigenständiges Wohnen auch eigenständige Arbeit unterstützt.**

Familie

Aus systemischer Sicht ist klar, dass der Einfluss der Familienmitglieder eine enorme Wirkung auf das Arbeitsleben des Klienten hat, sei es positiv oder negativ. Aus diesem Grund sind Berufe und alle Arten von Tätigkeiten in der Familie mitbestimmend für den beruflichen Weg der Einzelnen. Häufig wird dem beruflichen Vorbild von Familienmitgliedern nachgestrebt, und zwar ohne zu überprüfen, ob die notwendigen Begabungen und Interessen vorhanden sind. Es kommt auch immer wieder vor, dass sich eine Klientin bewusst gegen die familiär vorhandenen Berufe stellt und einen anderer Weg einschlägt.

Familiäre Ressourcen

Im Gespräch ist es bedeutsam, zu erfahren, wie der Klient die Berufe der Eltern und Geschwister bewertet, ob er sich vor diesem Hintergrund als erfolgreich oder als erfolglos einschätzt und wie die Beziehungen insgesamt zu den Familienmitgliedern waren oder sind. Vor allem wenn der Klient noch zu Hause wohnt, ist es wichtig, seine Bezugspersonen im Geiste um den Beratungstisch zu versammeln, um herauszufinden, ob sie für die Ziele und die Förderung des Klienten vorrangig eine Unterstützung oder ein Hindernis darstellen.

Wenn möglich, wird einer der konkreten Empfehlungsschritte sein, das Gesprächsergebnis mit einem wichtigen Familienmitglied zu besprechen, um den Einfluss, der sowieso besteht, transparent und dadurch auch gestaltbar zu machen. Es ist gar nicht hoch genug einzuschätzen, welche Ressourcen, Erfahrungen und Lösungsideen innerhalb der Familie vorhanden sein können. Das wird immer wieder überdeckt und vergessen durch gegenteilige Erfahrungen, die es auch gibt: Eltern hemmen, bevormunden und zwingen ihre Kinder zu etwas, bewusst oder durch unausgesprochene Normen und Erwartungen.

TIPP → **Auch Eltern mit unrealistischen Erwartungen haben Ressourcen oder Lösungswege anzubieten, wenn man sie einbezieht.**

Soziales Umfeld

Neben Eltern und Geschwistern sind bei vielen psychisch Kranken längst »Ersatzfamilien« gewachsen, nämlich professionelle Helfersysteme. Oft werden die Klientinnen und Klienten aus einem bestehenden System oder Team zum Beratungsgespräch überwiesen, manchmal auch begleitet. Eine positive Grundhaltung der Begleitperson ist günstig, denn diese hilft den Klienten bei der Umsetzung der Empfehlungen. Hat die Begleitperson eher eine pessimistische Haltung, so ist es wichtig, die

Gründe in Erfahrung zu bringen und Verständnis oder zumindest Respekt zu zeigen.

Professionelle Verstrickung

Ärztinnen, Therapeuten, Sozialarbeiterinnen, Betreuer, ehrenamtliche Helferinnen können für und mit den Klienten ein soziales Netz geknüpft haben, insbesondere bei längeren Krankheitsverläufen. Das kann sie auffangen und stützen, das kann sie aber auch davon abhalten, ihre eigenen sozialen Beziehungen zu knüpfen. Kräftezehrend für alle Beteiligten kann es sein, wenn professionelle Helfer als Ersatzmütter, -väter und -geschwister fungieren und mit der Ursprungsfamilie ihrer Klientinnen und Klienten konkurrieren. Das kann auch dann geschehen, wenn die Familie scheinbar »nicht mehr vorhanden« ist, sich zurückgezogen hat oder wichtige Personen gestorben sind.

BEISPIEL → BERATER »Außer Ihrem Arzt und Sozialarbeiter nennen Sie Ihren Berufsbetreuer, der Ihnen mit den Finanzen hilft. Sie hatten auch bereits einen Fallmanager für die Arbeitsförderung. Auch Ihr Vater hat Vorschläge zur Arbeit gemacht. Diese Helfer können wir durch das schriftliche Ergebnis einbeziehen und sehen, wer Sie bei welchen Schritten unterstützt.«

Das berufliche Beratungsgespräch eignet sich sehr gut dazu, mit systemischem Blick entsprechende Erkenntnisse in einen Gesamtplan zu bringen. Aus der systemischen Theorie und Praxis ist bekannt, was auch hier gilt: Jede Bezugsperson, die bisher im Leben des Klienten Einfluss genommen hat, ist zu schätzen und einzubeziehen (Bauer 2006). Es ist ein fachlich überholtes Denken, wenn man versucht, Bezugspersonen fernzuhalten oder auszuschließen. Sobald der Klient das Beratungszimmer verlassen hat, sitzen diese ohnehin am längeren Hebel. Bei ihrer unmittelbaren Beteiligung hingegen kann der Berater im Verlauf des Gesprächs einschätzen, welche Erwartungen der Familie und anderer Bezugspersonen förderlich oder hinderlich wirken. Diese Einschätzung hat Einfluss darauf, wie vorsichtig oder mutig vorgegangen werden kann. Seit den Langzeituntersuchungen von L. CIOMPI (1985) gilt die Erkenntnis, dass die Erwartungshaltung der wichtigen Bezugspersonen, seien sie positiv oder negativ, ein entscheidender Prognosefaktor für Rehabilitation und Integration in Arbeit ist. → Angehörige Seiten 21, 48, 55, 127

Der Klient als steuernde Person

Das systemische Vorgehen hat zum Ziel, allen Beteiligten zu zeigen, dass jeder seine subjektive berechtigte Sichtweise einbringen kann. Wenn dies klar wird, hat der Berater die Aufgabe, deutlich zu machen, dass gleichwohl der Klient letztendlich die steuernde Person ist.

Das schriftliche Gesprächsergebnis dient dazu, möglichst alle Bezugspersonen der Familie oder des professionellen Umfeldes, auch wenn sie unterschiedlicher Meinung sind, zur gemeinsamen Unterstützung zu bewegen. Früher hätte man dies als verwirrende Überforderung angesehen. Heute erkennt man, dass unterschiedliche Meinungen dem Klienten mehr Bewegungsspielraum signalisieren als ein professionell festgeschmiedeter Plan. Der Klient, der selbst verschiedene Seelen in seiner Brust wahrnimmt, wird in die Lage versetzt, abzuwägen, (mit) zu steuern und zu entscheiden.

Seine steuernde Rolle muss schließlich auch in der schriftlichen Vereinbarung zum Ausdruck gebracht werden.

BEISPIEL → Herr Müller versucht, bei einer »Familienrunde« mit Vater, Mutter und Bruder zu besprechen, wer sich eher für die Wiederaufnahme der Ausbildung ausspricht, wer eher zu einem Job rät und was dafür spricht, eine berufsfindende Abklärung oder ein Training voranzustellen.

Herr Müller möchte mit dem Ausbildungsinstitut und der Rehabilitationsabteilung der Arbeitsagentur Termine vereinbaren und dabei von seinem Vater unterstützt werden.

Er ist einverstanden, dass sein Berater nach drei Monaten Rückmeldung über seine Entscheidung erhält. Er wird selbst Kopien des schriftlichen Ergebnisses an die Familie, den Berater, seinen Facharzt und die Reha-Abteilung der Arbeitsagentur weitergeben.

Es ist gut, sich für diesen schriftlichen Teil der Vereinbarungen Zeit zu nehmen, da der Klient hier das Gefühl bekommen sollte, dass er diese Schritte auch gut meistern kann.

Leitlinien für Beratungsgespräche

Wichtige Bezugspersonen sollten zum Gespräch mit eingeladen werden. Jede anwesende Person wird mit ihren Ansichten gleichwertig gesehen und behandelt. Die Berücksichtigung möglicher Anliegen *aller* Beteiligten und auch der wichtigen Bezugspersonen, die nicht anwesend sind, gehört zu einer förderlichen Grundhaltung. Dies wird professionelle »Allparteilichkeit« genannt. Intensivere Beziehungen mit einzelnen Personen werden dabei vermieden.

Ungeschickt und oft kontraproduktiv ist eine Geste wie die folgende. Hier wird eine begleitende Person offensiv ausgeschlossen:

BEISPIEL → BERATER »Ihre Mutter hat Sie hierher gebracht. Ich möchte aber mit Ihnen allein sprechen und Ihre Meinung hören. Kann Ihre Mutter draußen warten?«

Ziele und Lösungen werden gemeinsam schrittweise herausgefiltert und nicht vorgegeben, was ansonsten Widerstand oder Angst auslösen kann, schon im Gespräch oder aber später.

BEISPIEL → KLIENT »Mein Vater rät mir, die Ausbildung doch noch durchzuziehen, meine Mutter meint, das wäre zu viel für mich. Ich weiß wirklich nicht, was ich machen soll.«

BERATERIN »Was ist das Gute am Rat Ihres Vaters? Und was ist wohl das Anliegen Ihrer Mutter, wenn sie meint, die Ausbildung sei zu viel für Sie?«

← **Ambivalenz**

Der Berater sollte sich als »Anwalt der Ambivalenz« (Simon/Weber 2004) verstehen. Das menschliche Dasein beinhaltet immer auch Ambivalenzen. Positiv gesehen signalisieren sie Wahl- und Entscheidungsfreiheiten und damit Vorteile. Negativ gesehen wohnen oft allzu viele Seelen in einer Brust, und es ist schwer, loszulassen und auf etwas zu verzichten. Manchmal verbergen sich hinter Ambivalenzen bestimmte Absichten beteiligter Bezugspersonen, eine davon ist, den Schwebezustand so lange wie möglich beizubehalten.

Die systemische Therapie und Beratung leitet daraus die Grundhaltung ab, dass sich der Berater als Anwalt der Ambivalenz versteht und die Kunst ausübt, den einen oder den anderen oder einen dritten Weg und deren Konsequenzen hypothetisch durchzuspielen, und zwar in der Hoffnung, dass der Klient schließlich selbst seine ihm angemessene Entscheidung findet. Deshalb können in die schriftlichen Empfehlungen und Vereinbarungen durchaus gegensätzliche Schritte als Alternativen aufgenommen werden. Durch konkretes Ausprobieren und durch »Abstimmung mit den Füßen« wird sich schon zeigen, welcher Weg gehbar ist.

BEISPIEL → KLIENTIN »Eigentlich wollte ich die Ausbildung nach der Krankheit wieder aufnehmen, aber ich habe Angst vor einer Wiedererkrankung. Das befürchtet auch meine Mutter.«

BERATER »Wie wäre es, wenn Sie bei Ihrem Ausbildungsbetrieb erst einmal Informationen einholen, ob eine Fortsetzung der Ausbildung überhaupt möglich ist? So schnell wird sich sowieso dort kein Termin ergeben. So könnten Sie in der Zwischenzeit einen Job annehmen und sehen, wie es Ihnen dabei geht.

Eine weitere Idee wäre, bei der Reha-Abteilung der Arbeitsagentur zu klären, welche geförderten Ausbildungsmöglichkeiten Ihnen grundsätzlich offen stehen. Die nächsten Schritte könnten also dazu dienen, dass Sie einiges ausprobieren, um später besser entscheiden zu können.«

← Fragestrategien

Empfehlenswert ist grundsätzlich das »zirkuläre Fragen«. Die Technik erweitert die Wahrnehmung und regt neue Perspektiven und Möglichkeiten an. Der Berater kann die Anwesenheit von Bezugspersonen dazu nutzen, herauszufinden, ob diese positiv unterstützend, ängstlich, kontrollierend oder überbeschützend wirken. Er befragt die einzelnen Personen jeweils über Meinungen und Haltungen der anderen. Das ist eine der vielen Frageformen, die man in der systemischen Beratung unter dem Ausdruck »zirkuläre Fragen« zusammenfasst.

Das Ziel ist die Wahrnehmung aus unterschiedlichen Blickwinkeln, denn es gibt nie nur eine Sichtweise. Mehrere Blickwinkel eröffnen die Chance einer realistischeren Einschätzung, Prognose und Strategie. Außerdem können festgefahrene, oft negative Meinungen und Erwartungshaltungen dadurch wieder »verflüssigt« werden.

BEISPIEL → BERATER ZUM VATER »Was meinen Sie, sollte Ihr Sohn die Ausbildung wieder aufzunehmen?«

VATER »Er ist einfach etwas faul und träge, er könnte, wenn er wollte.«

BERATER ZUM MUTTER »Was meint Ihr Mann mit träge und warum ist er für die Beendigung der Ausbildung?«

MUTTER »Mein Sohn ist oft so erschöpft, er schläft schlecht und ist dann untertags müde. Er sollte erst einmal wieder fit werden und sich trainieren.«

BERATER ZUM SOHN »Was würde Ihre Mutter sagen, wenn das Ausbildungsinstitut Ihnen grünes Licht geben würde? Wäre sie sehr besorgt, dass Sie es nicht schaffen? Würde Ihr Vater Ihnen einen erfolgreichen Abschluss zutrauen?«

SOHN »Das Problem ist, dass ich mal träge bin, mal fühle ich mich krank und erschöpft. Ich brauche einfach wieder eine tägliche Routine.«

In der systemischen Therapie und Beratung wurde eine Vielfalt solcher nützlicher Frageformen entwickelt, die im Beratungsgespräch eine Bereicherung darstellen und auch darauf abzielen, das relevante System zur Mitwirkung an konstruktiven Schritten zu gewinnen. Es handelt sich meist um Fragen, die in sich eine Botschaft bergen, die hilfreich ist (BEILFUSS 2007).

Die Integration in Erwerbstätigkeit und Beruf hat mehr Chancen auf einen nachhaltigen Erfolg, wenn das Zusammenwirken von:

- Familie und relevanten anderen Personen im Umfeld,
- Bildung, Arbeit und Beruf,
- Gesundheit und Krankheit

berücksichtigt wird.

BEISPIEL → BERATERIN »Sie nannten den Eintritt in die Ausbildung als Bankkaufmann eine Katastrophe. Wenn wir die damalige Situation – Sie, Ihre Familie, Ihre Arbeitsstelle und Ihr sonstiges Umfeld – noch einmal betrachten, dann gab es da bestimmte auslösende Erlebnisse oder Ereignisse für das, was Sie als Katastrophe bezeichnen?«

KLIENT »Die Katastrophe war, dass mein Vater meinen Wunsch, Musik zu machen, wegfegte – ich hatte ja in einer Gruppe von Freunden gespielt – und einfach eine Lehrstelle für mich in einer Bank besorgte. Heute, nach meiner Erkrankung, habe ich das Musikmachen mit dem Keyboard wieder aufgenommen – in einer Bank kann ich einfach nicht mehr arbeiten. Ich weiß nicht, was ich tun soll.«

Die zu Tage tretenden Zusammenhänge klingen oft sehr plausibel, obwohl sie in psychiatrisch-psychotherapeutischen Gesprächen leider zu oft getrennt gesehen werden: Die eine Welt ist die der individuellen Lebensgeschichte und der Familiendynamik, die von Psychotherapeuten und Familientherapeuten betrachtet und bearbeitet wird. Die andere Welt ist die der Bildungs- und Arbeitsgeschichte, in der Lehrer, Ausbilder und Vorgesetzte sowie die Gleichaltrigengruppe im beruflichen Kontext involviert sind. Diese Spaltung wird einer ganzheitlichen Sicht nicht gerecht und so sind dann die Lösungsversuche oft auch nur begrenzt erfolgreich.

← **Genogramm**

Der Berater kann die Familienstruktur visualisieren, etwa durch die Zeichnung eines Familienstammbaums, des sogenannten Genogramms (Hildebrand 2005). Es ist wichtig, zu wissen, wer mit wem unter einem Dach wohnt, wann Personen geboren und gestorben sind, welche Berufe in der Familie vorkamen und wie die Berufswahl und die Arbeitsanamnese des Klienten zustande kam. Welche Erfahrungen und Haltungen zu Arbeit und Beruf gab es bei Vater und Mutter und bei den

Großeltern? Wer war für den Klienten wichtig? Gibt es Vorbilder, denen der Klient gerecht werden will? In welcher Weise zeigt er sich solidarisch mit dem Schicksal der älteren Generationen und der Vorfahren?

Einbeziehung der Krankengeschichte

Selbstverständlich kann bei psychisch erkrankten Menschen keine berufliche Beratung stattfinden, ohne die bisherige Krankengeschichte und ihre aktuellen Auswirkungen einzubeziehen, sei es durch den eigenen Bericht des Klienten, sei es durch vorliegende Unterlagen. Verschiedene Aspekte sind Voraussetzungen für eine erfolgreiche berufliche Beratung, Förderung und Integration.

Die Prognose wird durch zwei Faktoren positiv beeinflusst: ⟵ **Prognose**
Der eine ist die örtliche Vielfalt und Zugänglichkeit der Angebote der Rehabilitation und Integration. Der andere ist eine optimistische Zukunftserwartung der relevanten Bezugspersonen, die wesentlich zum Gelingen der Integration beitragen.

Es ist bekannt, dass eine erhöhte Krisengefahr und ⟵ **Klinikentlassungen**
Suizidgefährdung kurz nach der Entlassung aus Kliniken besteht. Neben der Sicherung der ärztlichen Versorgung und psychosozialer Angebote kann es für die hoffnungsvolle Perspektive des Klienten entscheidend sein, dass er mit einem Plan und mit konkreten Schritten zur Integration in Arbeit entlassen wird. Das ist eines der Hauptargumente für eine frühzeitige berufliche Beratung als Entlassungsvorbereitung.

Hier klafft derzeit noch eine der größten Lücken und alle professionellen Helfer sind aufgerufen, diese zu schließen.

Eine gute Akutversorgung durch die Sicherung ⟵ **Akutversorgung**
lebensnotwendiger Zuwendung und durch Medikamente ist Grundvoraussetzung für jegliche weitere Schritte der arbeitsbezogenen Förderung.

Psychopharmaka können helfen, Leid zu lindern und ⟵ **Medikamente**
Lebensqualität zu verbessern. Jedoch können sie auch schädigen und stö-

rend wirken, auch auf die Ausübung einer Tätigkeit. In den letzten Jahren sind große Fortschritte erzielt worden durch neue Medikamente, jedoch folgten längst auch Studien, die nahelegen, dass auch diese Medikamente bedenkliche Nebenwirkungen haben. Ein achtsamer Umgang ist mit Psychopharmaka eine wichtige Voraussetzung für jede Integrationsbemühung. Sinnvolles Tätigsein kann die Chance liefern, dass Medikamente unter ärztlicher Aufsicht vorsichtig reduziert werden können (Greve u. a. 2008).

Eine langfristige fachärztliche Begleitung ist eine gute Voraussetzung für rehabilitative Schritte, wenn die Beziehung tragfähig ist. Ansonsten ist die Suche nach einem Arzt des Vertrauens unumgänglich.

Familie

Neben dem professionellen Netz, das umso dichter geknüpft sein sollte, je öfter Krankheitsepisoden zu Klinikaufenthalten geführt haben, übt die Familie den größten Einfluss – positiv wie negativ – auf die Rehabilitation aus. Entscheidend ist, ob sie dem Klienten etwas zutraut, sich kümmert und anwesend ist oder ob sie negativ eingestellt ist und den Klienten abwertet.

Integrierte Hilfen

Ein Zusammenwirken von vorbehandelnden Diensten und Einrichtungen, vor allem Kliniken, und wichtigen Bezugspersonen mit den nachfolgenden rehabilitativen Schritten ist von höchster Bedeutung für eine gelingende Integration. Rehabilitative Schritte bringen notwendigerweise die Erprobung von Fähigkeiten und damit auch Belastungen mit sich. Es ist die Kunst, sie so zu stufen, dass erneute akute Krisen vermieden werden, Angst kontrollierbar bleibt und Erfolge auf jeder Stufe zur Stärkung des Selbstvertrauens für das Erreichen der nächsten Stufe beitragen. Gutes Gelingen zeugt von guter Zusammenarbeit zwischen den Klienten und ihrem relevanten Bezugssystem. Beim letzten Schritt der Integration und Vorbereitung auf eine konkrete Arbeitsstelle sollten psychosoziale, medikamentöse und arbeitsbezogene Hilfen gut ausbalanciert werden. → **Stufenfolge, Seite 98**

Arbeitsbeginn

Für den Berufsprozess stellt der Arbeitsbeginn eine

besonders schwierige Phase dar – und das gilt für alle psychisch erkrankten Menschen, ob sie es nun zugeben mögen oder nicht. In dieser Phase sollte das Unterstützernetz verstärkt und nicht, wie leider vielfach praktiziert, gerade jetzt reduziert werden. Erst nach einem halben Jahr, oftmals deckungsgleich mit der Einarbeitungszeit, entsteht in der Regel mehr Sicherheit. Deshalb sollten Medikamente in dieser Zeit keinesfalls abgesetzt werden. Auch andere Veränderungen, etwa bezüglich des Wohnens, empfehlen sich nicht. Ebenso sollten gravierende Änderungen in den sozialen Beziehungen möglichst zurückgestellt werden.

Die Erfolgschancen erhöhen sich, wenn professionelle Helfer, Angehörige und Rehabilitanden durch ihre sehr unterschiedlichen Blickwinkel nicht gegeneinander arbeiten, sondern sich als »Team« verstehen, das für eine möglichst vollständige Wahrnehmung und für ein koordiniertes Vorgehen sorgt.

Vorgehensweise

Eine psychiatrische Anamnese ist bei den Klienten bereits vorgenommen worden und liegt zum Zeitpunkt der Beratung vermutlich schriftlich vor. Nun stellt sich die Frage, wie sehr die Krankengeschichte thematisiert werden sollte. Ist sie »nur« als Verständnishintergrund zum Thema »Arbeit« aufzufassen? Je länger und häufiger ein Klient in psychiatrischer Behandlung war, desto emotionaler und desto ausführlicher können Krankheitsepisoden berichtet werden. Mancher Berater wird dabei selbst sehr betroffen reagieren, empathisch zuhören und dann möglicherweise zu lang bei diesem Thema verweilen – das Ziel der beruflichen Beratung kann dadurch leicht aus den Augen verloren werden.

Grundsätzlich ist erst einmal folgendes Vorgehen ratsam: Während die Bildungs- und Arbeitsgeschichte zunächst im Vordergrund steht, beschränkt sich der Berater darauf, im chronologischen Lebensverlauf krankheitsbedingte Ausfallzeiten kurz zu notieren, um später darauf zurückzukommen, wenn ihm bereits der rote Faden der Arbeitsgeschichte klar geworden ist. Dann kann er auch den Stellenwert von Behandlungen und Therapien besser erkennen.

Sodann kann das Thema »Gesundheit und Krankheit« nochmals gebündelt aufgegriffen werden, etwa mit der Frage: Bis wann waren Sie gesundheitlich fit? Es ist eine entscheidende Erkenntnis für den Berater, ob der Klient sich nie so ganz gesund erlebt hat und dies immer wieder in der Patientenrolle führte oder ob die psychische Krankheit in seinem Erleben plötzlich in die Gesundheit einbrach. Je nachdem kann der Berater vorsichtiger sein und die Patientenrolle weiter würdigen oder aber mutiger sein und auf die Arbeitnehmerrolle zugehen, verbunden mit vorzuschlagenden therapeutischen Schritten (Haerlin 1993).

Für den Berater ist es ferner wichtig, zu erfahren, ob der Klient die Interventionen in Kliniken und therapeutischen Maßnahmen als hilfreich oder nutzlos erlebte, um seine Empfehlungen und Vorschläge darauf aufzubauen.

Untersuchungen des englischen Soziologen Bob Grove (2005) haben ergeben, dass Integration umso besser gelingt, je weniger der Klient insgesamt hospitalisiert war. Die Diagnose ist hier weniger bedeutsam. Erneute Hospitalisierung zu vermeiden ist deshalb ein wichtiges Ziel der Beratung. Es wird auch erreicht, indem mit dem Klienten lohnenswerte, nicht zu hoch gesteckte Ziele der Integration erarbeitet werden.

Für die Beratung ist die Wertung des Klienten, ob Behandlung und Therapien ihm geholfen haben und was er jetzt tut, um seine Gesundheit zu erhalten, von großer Bedeutung.

BEISPIEL → **BERATER** »Es erstaunt mich, dass Sie nach Krankheitsphasen immer wieder Arbeit gefunden haben. Nun liegen allerdings schon drei Jahre der Arbeitslosigkeit und Krankheit hinter Ihnen. Da war auch eine kurze Zeit der Arbeitstherapie dabei. Wenn Sie jetzt eine gute Gelegenheit hätten, wie viele Stunden pro Tag würden Sie sich zutrauen zu arbeiten?«

KLIENT »Ich kann Ihnen das nicht sagen, ich kann ja nichts ausprobieren und traue mir auch nichts mehr zu. Die Medikamente machen mich sehr müde. Mein Arzt ist dabei, sie umzustellen. Dann werden wir sehen.«

Oder:

KLIENT »Ich habe eine medizinische Maßnahme in einer Kurklinik im Allgäu gemacht, die mir geholfen hat, jedoch nicht in der Frage, wie es mit Arbeit weitergeht. Seit ich wieder zu Hause bin, habe ich nichts machen können, aber ich würde mir eine Halbtagsstelle zutrauen, wenn ich nur die Gelegenheit hätte. Mir fällt derzeit die Decke auf den Kopf.«

Bob Grove (2005) hat in einer Sichtung von Studien die wirkungsvollsten Faktoren für einen gelingenden Einstieg in Arbeit zusammengefasst, wobei vorherige Erwerbstätigkeit und möglichst wenig stationäre Aufenthalte positiv ins Gewicht fallen. Wichtig ist darüber hinaus, dass:

- der Klient den Zeitpunkt bestimmt, ab wann er handelt, und
- er die Möglichkeit hat, das zu tun, wozu er wirklich motiviert, fähig und fachlich kompetent ist.

Dies zu ermitteln ist ein Ziel des Beratungsgesprächs. Sollte es an fachlicher Kompetenz fehlen, sind Qualifizierungsmaßnahmen, auch in Form von beruflicher Rehabilitation, zu erörtern.

Hinderliche Faktoren

Von Bedeutung sind ferner die Einschätzungen von Familienmitgliedern und relevanten anderen Bezugspersonen in Bezug auf Gesundheit und Krankheit. Sehen diese den Klienten eher als Patienten? Empfindet der Klient einen Druck, Arbeit aufnehmen zu *müssen*?

Am hinderlichsten ist immer die Festschreibung der Patientenrolle. Das mag zwar Vorteile für den Klienten und seine Familie haben, weil dadurch Risiko und Ängste vor Anforderungen im Arbeitsleben erst einmal niedrig gehalten werden. Jedoch sind damit die Türen zu Erwerbstätigkeit und Beruf eher verschlossen. Die Frage ist, wie im Beratungsprozess Ängste reduziert und hoffnungsvolle Blicke durch offene Türen gerichtet werden können.

Ebenfalls hinderlich kann es sein, wenn sich professionelle Bezugspersonen daran gewöhnt haben, dass der Klient immer wieder Rückfälle hat und möglicherweise haben wird und damit einer Beschäftigung wenig Chancen eingeräumt werden. Das kann zu einem Circulus vitiosus werden: Der Faktor Beschäftigung wird zu wenig für den Gesundungsprozess genutzt. Gute Arbeitsperspektiven hingegen können beispielsweise aus einem Kreislauf von Depression und Krankheitsrückfällen hinausführen.

Es ist sinnvoll, Beschäftigungsperspektiven auch dann zu besprechen, wenn der Klient in einer labilen psychischen Situation steckt. Leider werden Klienten immer wieder weggeschickt mit der Anforderung, sie sollten wiederkommen, wenn es ihnen besser ginge. Stattdessen ist es hilfreich, zu würdigen, dass sie sich die Mühe gemacht haben zu kommen, und zu versuchen, Hoffnung durch diese Beratung zu erzeugen, die dann auch psychisch stabilisierend wirken kann.

Wenn sich Klienten noch im Patientenstatus befinden, ist das also kein Hindernis für eine Beratung. Mehrere Gründe sprechen dafür: Rehabilitative Interventionen dauern immer ihre Zeit und sollten deshalb frühzeitig geplant werden. Der momentane instabile Zustand ändert nichts an der bisherigen Arbeitsanamnese. Also kann aus den bisherigen Erfahrungen des Klienten bereits nach den Grundregeln von Rehabilitation und Integration eine Perspektive aufleuchten, die nicht von der Tagesbefindlichkeit abhängig ist. → **Grundregeln, Seite 45**

BEISPIEL → BERATER »Es geht Ihnen jetzt noch nicht gut, und deshalb ist es wichtig, in vorsichtigen kleinen Schritten voranzugehen. Ich habe aus Ihrer Arbeitsgeschichte gesehen, dass Sie die Krankheitsphasen immer wieder überwunden und dann auch qualifiziert gearbeitet haben. Deshalb kann es jetzt auch helfen, eine neue berufliche Perspektive schrittweise zu entwickeln, damit Sie ein Ziel vor Augen haben, um wieder fit zu werden.«

Oder:

BERATER »Nachdem Sie die akute Krankheitsphase nun überwunden haben, trauen Sie sich überhaupt schon eine Arbeitsbelastung zu oder ist das noch zu früh? Was wäre für Sie zum jetzigen Zeitpunkt denkbar?«

Es gilt also, in der Beratung Hindernisse als derzeit notwendig wahrzunehmen und anzuerkennen, dann aber unbeirrbar Mittel und Wege zu weiteren Perspektiven zu suchen und aufzuzeigen.

Unterlagen und bisherige Maßnahmen

Gutachten und Unterlagen

Schon zu Beginn habe ich betont, dass ein rehabilitatives Beratungsgespräch ohne Unterlagen geführt werden kann. Die eventuelle Verunsicherung wird durch eine mögliche Stärke aufgehoben: Jegliche Bürokratie und zusätzliche Wartezeit wird auf ein Minimum reduziert. Statt Wartezeit entsteht Handlungszeit. Statt dem Gefälle zwischen der »wissenden« Beraterin und dem »unwissenden« Klienten entsteht ein eher gemeinsames Suchen nach einem gehbaren Weg.

Wie verhält es sich, wenn Unterlagen vorliegen? Meine eigene Erfahrung ist zweischneidig: Lange Zeit habe ich Stellungnahmen und Unterlagen vorher durchgesehen. Es kann nützlich sein, sich über Diagnose und Krankheitsverlauf ein Bild zu machen. Allerdings habe ich auch den Nachteil entdeckt, dass vor meinem geistigen Auge das schreckliche Bild eines Menschen voller Defizite entstanden ist. Als dann die Tür aufging, war die Verwunderung groß, dass ein durchaus kompetenter Mensch vor mir stand.

Sinnvoll erscheint mir, die Unterlagen in das Gespräch mitzunehmen und dem Klienten zu einem günstigen Zeitpunkt vorzuschlagen, sie für einige Minuten gemeinsam durchzusehen. So sind sie verfügbar, dominieren aber nicht das Gespräch und blockieren auch keine Lösungswege.

Die meisten medizinischen Gutachten geben sehr wenig Auskunft über die konkrete Arbeits- und Belastungsfähigkeit und sind häufig auch schon ver-

altet. Gute arbeitstherapeutische Berichte liegen nur sehr selten vor. Es gibt jedoch auch ausgezeichnete Einschätzungen zum Beispiel von Leistungsträgern oder psychotherapeutischen Kliniken, die dazu beitragen, dass im Beratungsgespräch ein realistischer Standpunkt eingenommen werden kann. Eine gute Dokumentation der vergangenen Maßnahmen und Rehabilitationsverfahren kann also hilfreich sein, wobei die Selbsteinschätzung des Klienten bestimmend sein sollte. → Dokumentation, Seiten 70 ff.
Eine gute Dokumentation enthält einerseits Fakten über Ablauf und Inhalt einer Maßnahme, andererseits Informationen zum Lebenslauf, zu familiären, sozialen und arbeitsbezogenen Faktoren, die Gesundheit und Krankheit beeinflusst haben. Schließlich sollten Fortschritte und Ergebnisse der Maßnahme sowie Empfehlungen im Hinblick auf psychische Stabilisierung und Integration in Arbeit benannt werden.

Bisherige Maßnahmen

Eine Schlüsselfrage bei der Einschätzung der bisherigen therapeutischen und rehabilitativen Maßnahmen ist, ob der Klient diese Angebote als hilfreich erlebt hat oder nicht. Wenn er negative Erfahrungen berichtet, so ist es wichtig, die Gründe hierfür zu verstehen, um nicht erneut fruchtlose Vorschläge zu machen. Einen Überblick braucht die beratende Person unbedingt darüber, welcher Kosten- und Leistungsträger derzeit welche Schritte vollzogen, eingeleitet oder vorgeschlagen haben. Ist dem Klienten etwas unklar oder ist er mit den nächsten Schritten oder Absichten des Leistungsträgers nicht einverstanden, so sollte dieses Gespräch dazu beitragen, Klarheit zu schaffen.
Hat der Klient eine positive Einstellung zu den Vorschlägen des Leistungsträgers, so wird versucht, auf diesen aufzubauen; hat er eine negative Haltung, so werden die Gründe hierfür erfragt. Es ist in jedem Falle ratsam, die Interventionen des Leistungsträgers zu würdigen.

BEISPIEL → BERATER »Sie sind enttäuscht, dass der Leistungsträger Ihnen nicht erneut eine berufliche Rehabilitation genehmigt. Da Sie nach der letzten Erkrankung keine Chance hatten, Ihre Belastungsfähigkeit praktisch zu erproben, sind sowohl wir als auch der Leistungsträger nur auf Vermutungen angewiesen. Ich möchte Ihnen eine mehrwöchige Belastungserprobung oder auch ein Praktikum in einem Betrieb vorschlagen, und dann sehen alle Beteiligten, ob der Weg frei ist für eine erneute berufsspezifische Förderung.«

Oder:

BERATER »Sie haben berichtet, dass die Kurklinik Ihnen wenig gebracht habe, schon eher der PC-Kurs von der Arbeitsagentur. Welches Ergebnis die zusätzliche Assessmentmaßnahme brachte, ist Ihnen gar nicht bekannt. Das sollte Ihnen in jedem Falle mitgeteilt werden. Ich habe verstanden, dass es Ihnen jetzt auf das praktische Training und, wenn möglich, den Wiedereinstieg in Ihren Beruf ankommt. Das werden wir in den Empfehlungen aufgreifen.«

Derzeitige Situation

Im Beratungsgespräch stellt sich immer die Frage: In welcher augenblicklichen Verfassung ist der Klient, wie begegne ich ihm und was kann ich ihm zumuten? Statt gut gemeinter Zurückhaltung ist direktes Befragen zu empfehlen. Die Klientinnen und Klienten werden spüren und schätzen, wenn die derzeitige Verfassung beachtet wird und es schließlich gelingt, Zuversicht zu erzeugen und hoffnungsvolle Ziele zu erarbeiten.

Die bestehende Situation wird zunächst anerkannt als derzeitig beste Lösung. Vorschnelle Veränderungsvorschläge, noch so gut gemeint, können Widerstand oder Angst auslösen und signalisieren, dass der Klient so, wie er ist, »nicht in Ordnung« ist. Die Kunst besteht darin, eine gute Balance zwischen Bestätigung des Vorhandenen und Anregung zu Neuem zu finden.

Je dünnhäutiger und labiler der Klient im Gespräch wirkt, desto wichtiger ist die Frage des Beraters, ob er heute noch eine unterstützende Person sehen wird, um Belastendes aus dem Gespräch aufzufangen. Noch besser ist es, eine Begleitperson beim Gespräch dabeizuhaben. Während der vielen Jahre meiner Beratungstätigkeit gab es allerdings nur wenige Male, bei denen ich mir so große Sorge über die Wirkung des Gesprächs gemacht habe, dass wir gemeinsam eine Bezugsperson angerufen habe.

Die derzeitige Situation des Klienten ist immer auch durch seine Wohnsituation und das vorhandene oder fehlende Netz an Partnerschaft und Freundschaften gekennzeichnet. Oft fehlt eine Tages- und Wochenstruktur und eine stabilisierende Alltagsroutine in dem Bemühen, sich auf ein Arbeitsleben vorzubereiten.

Daraus wird ersichtlich, ob eine gute Basis für zukünftige Arbeitsschritte besteht oder zunächst die häusliche, lebenspraktische Situation gesichert werden muss.

BEISPIEL → KLIENTIN »Meine Wohnung ist leider in schlechtem Zustand, an Kochen ist noch gar nicht zu denken. Bevor ich ans Arbeiten gehe, müsste hier was passieren. Bisher hat mir meine Mutter ab und zu geholfen.«

BERATER »Durch Betreutes Wohnen könnten Sie trainieren, wie Sie den Haushalt allmählich selbst bewältigen und dadurch unabhängiger werden. Es ist keine Schande, wenn zu Hause nicht alles tipptopp ist, das kenne ich auch von mir – wenn ich zu viel um die Ohren habe. Aber es entlastet und bringt ein gutes Gefühl, zu wissen, wie man die Dinge wieder in den Griff bekommt.«

Vorschlag einer außerhäusliche Belastungsfähigkeit:

BEISPIEL → KLIENTIN »Am PC trainiere ich meine Konzentrationsfähigkeit. Das geht schon mehrere Stunden am Tag. Mein Partner hilft mir dabei.«

BERATER »Der nächste Schritt ist, dass Sie darauf aufbauen und aus dem Haus kommen. Dafür könnte ein Belastungstraining in einer ergotherapeutischen Praxis gut sein.«

Vorschlag einer systematischen Arbeitsvorbereitung:

BEISPIEL → KLIENT »Ich habe mich seit einiger Zeit wieder an den PC gesetzt und mir Stellenangebote angesehen. Aber zurzeit schaffe ich gerade meinen Haushalt und komme noch wenig vor die Tür.«

BERATERIN »Für die Sichtung der Stellenangebote würde ich Ihnen gerne einen Bewerbungskurs vorschlagen, in dem Sie Hilfestellung bekommen, wie man das heute am besten angeht.«

Das Ende des Gesprächs ist der richtige Zeitpunkt dafür, die anfangs geäußerten Erwartungen für ein gelingendes Gespräch aufzugreifen, und zwar sowohl durch eine Selbsteinschätzung des Klienten als auch durch die Einschätzung des Beraters.

BEISPIEL → KLIENT Ich habe gehofft, hier zu erfahren, wie ich wieder direkt in die Arbeit einsteigen kann. Aber ich habe verstanden, dass es sicherer ist, das in mehreren Stufen zu machen, da ich schon so lange raus bin.

BERATERIN »Sie sagten eingangs, dass Sie wieder wie früher als Bürokraft arbeiten möchten. Die hier besprochenen Schritte der Tagesstruktur, des Belastungstrainings und des Praktikums führen Sie Ihrem Ziel entgegen, und Sie können selbst sehen und steuern, wie viel Zeit Sie für die einzelnen Schritte benötigen. Um sich mit sicherem Gefühl auf eine Stelle zu bewerben, sollten Sie täglich 4–6 Stunden eine büroähnliche Tätigkeit für mehrere Monate durchhalten. Wenn Ihnen das auf die Dauer zu anstrengend ist, steht Ihnen immer noch der geschützte Arbeitsmarkt offen.«

TIPP → Es gilt, die derzeitige Situation des Klienten gut zu verstehen und von da aus auf individuell gestufte Schritte der beruflichen Integration hinzuarbeiten.

Empfehlungen aus dem Beratungsgespräch

Beratung führt dann zur Zufriedenheit, wenn der Klient und nicht der Berater den größeren Teil der Redezeit bestreitet und dadurch ein Gefühl von Verständnis und Wertschätzung entsteht. Ein solcher Gesprächsverlauf ist zudem gekennzeichnet durch Fragen an den Klienten, die ihm zur Beantwortung ausreichend Zeit einräumten.

Am Ende des Gesprächs hat der Klient jedoch Anspruch auf Rückmeldung, und der Berater ist aufgefordert, deutliche Empfehlungen zu geben und mit einem besonderen Gewicht zu versehen. Er sollte klar und mutig Aussagen formulieren, auch wenn er verständlicherweise Unsicherheiten und Angst vor Enttäuschungen spürt, weil nicht alle Zielvorstellungen des Klienten erreicht werden können.

Im Verlauf des Gesprächs können sich bereits schrittweise Erkenntnisse über mögliche Empfehlungen herauskristallisieren. Manchmal geschieht das ganz leicht und liegt auf der Hand. Es kann aber auch zu einem inneren Ringen um die richtige Lösung kommen – eine Denkpause ist vielleicht für beide Seiten erholsam und erfrischend. Der Berater kann sich in dieser Zeit möglicherweise eine zweite Meinung durch einen Kollegen einholen.

Der Berater baut darauf, dass während des Gesprächs ein tieferes Verständnis gewachsen ist, in welcher Weise Arbeit, Familie, Gesundheit und Krankheit miteinander verwoben sind. Das ist der Nährboden für die Empfehlungen, die sich jedoch ganz überwiegend auf das Hauptthema der Arbeits- und Berufsperspektive beziehen.

TIPP → **Die anfangs geäußerten Ziele und Erwartungen des Klienten werden bei den Empfehlungen am Ende des Gesprächs gewürdigt und in eine realistische, hoffnungsvolle Perspektive integriert.**

Empfehlungen klingen unterschiedlich, je nachdem, auf welchen Entwicklungsschritt sie sich beziehen.

BEISPIEL → BERATER »Ihr Arbeitsplatz ist noch offen und Sie haben die Hoffnung, dort wieder einen Einstieg zu schaffen. Das unterstütze ich und empfehle durch eine Begleitung am Arbeitsplatz und einige vorbereitende Schritte den Erfolg zu sichern.«

BEISPIEL → BERATERIN »Nach drei Jahren Arbeitslosigkeit sind Sie unsicher, ob Sie den Einstieg in Ihren Beruf wieder schaffen, und benötigen Schritte der Belastungserprobung und des beruflichen Trainings. Da Sie mehrere Jahre als Küchenleiterin gut gearbeitet haben, kann ich Ihnen Mut machen und empfehle, auf diesen Erfahrungen wieder aufzubauen.«

BEISPIEL → BERATER »Sie berichten, dass Sie derzeit unter Konzentrationsstörungen leiden und ermüden schon nach ein bis zwei Stunden Tätigkeit. Ich schlage vor, dass Sie durch ein arbeitstherapeutisches Training diese Grundarbeitsfähigkeiten üben und sodann prüfen, ob ein Wiedereinstieg in den allgemeinen oder den geschützten Arbeitsmarkt Ihrer Gesundheit angemessen ist. Dabei empfehle ich die von Ihnen genannte Frau M. als Unterstützung.«

Formulierungen

Die beratende Person sollte unbedingt auf genaue und positive Formulierungen achten, selbst dort, wo sie nicht mit der Einschätzung des Klienten übereinstimmt.

POSITIVBEISPIEL → »Sie wünschen sich trotz langer Krankheit und Arbeitslosigkeit einen Wiedereinstieg auf dem allgemeinen Arbeitsmarkt. Aus meiner Sicht sind hierfür mehrere Schritte der Vorbereitung notwendig, und Sie werden jeweils am Erfolg der Schritte sehen, ob und wann sie den nächsten setzen können. Der erste Schritt sollte zunächst wieder eine regelmäßige Werktagsbeschäftigung außer Haus sein. Hierfür empfehle ich die Begleitung durch eine ergotherapeutische Praxis.«

NEGATIVBEISPIEL → »Sie wünschen sich trotz langer Krankheit und Arbeitslosigkeit einen Wiedereinstieg auf dem allgemeinen Arbeitsmarkt. Aus meiner Sicht *bezweifle* ich, ob das überhaupt möglich ist. Sie *riskieren*, wieder krank zu werden. Sie sollten dieses Ziel *zurückstellen*, um sich nicht zu überfordern. Erst sollten sie sich *beweisen*, ob Sie eine geregelte Werktagsbeschäftigung *überhaupt schaffen* können.«

Die Empfehlung des Beraters sollte das höchstmögliche realistische Ziel aufgreifen, um die Motivation und die vorhandenen Energien anzustoßen. Jedoch wird das Ziel oftmals in mehreren Schritten angesteuert, diese sind so zugeschnitten, dass sie jeweils kleine Erfolge bringen. Dies ist auch ein Mittel, mögliche Rückfälle abzufedern.

Durch dieses Vorgehen wird der Patientenrolle immer weniger und der Arbeitnehmerrolle immer mehr Bedeutung gegeben. Stellt sich allerdings im Beratungsgespräch heraus, dass der Klient sein »Patientsein« dauerhaft betont, so ist es ratsam, die Empfehlungen insgesamt bescheiden zu halten und die Hoffnung auf das spätere praktische Erproben von Situationen zu richten.

BEISPIEL → KLIENTIN »Jetzt bin ich noch krankgeschrieben und fühle mich auch so krank, dass ich mir eine Arbeitstätigkeit nicht vorstellen kann.«

BERATER »Sie werden bei meinem Vorschlag einer stundenweisen Belastungserprobung selbst sehen, wie es Ihnen dabei geht – das zählt dann mehr als das, was wir hier besprechen und nur vermuten können. Auch ich wende zum Beispiel in neuen Situationen den bekannten Spruch an: Probieren geht über Studieren.

Die Chancen, dass Empfehlungen umgesetzt werden, erhöhen sich deutlich dadurch, dass der Klient Kopien der schriftlichen Empfehlungen an ihm wichtige Bezugspersonen weiterreichen kann, ob diese beim Gespräch anwesend sind oder nicht.

Konkrete Schritte der Vereinbarung

Es ist schon viel erreicht, wenn Empfehlungen zur beruflichen Integration gefunden und formuliert werden. Warum soll nun noch eins draufgesetzt werden durch ganz konkrete Schritte? Tritt der Berater dem Klienten hier nicht zu nahe oder bedrängt ihn geradezu, dies auch noch aufzuschreiben?

Diese Gedanken kommen beim Berater schon deshalb auf, weil sich Bedenken und Ängste der Klientinnen und Klienten übertragen können. Sie spüren, dass ihre möglichen Erwartungen so ernst genommen werden, dass tatsächlich daraus handelnde Schritte erfolgen. Für Berater und Klient ist dies ein Realitätstest: Der erste Schritt ist oft der schwerste. Wenn er jedoch gelingt, erzeugt er Zuversicht. Es gehört also ein kräftiger Schuss

Mut zu diesem letzten Teil des Gesprächs, der im besten Fall als »Energiespender« für den Klienten wirkt.
Wie immer das Gespräch verläuft, es endet mit konkreten Schritten und Vereinbarungen. Mindestens einer davon soll direkt umgesetzt werden können. Merkposten für praktische Schritte können bereits während des Gespräches gesammelt und notiert werden, genaue Formulierungen mit der ausdrücklichen Zustimmung des Klienten können beim Aufschreiben erfolgen.

TIPP → **Mindestens ein erster konkreter Schritt soll für den Klienten nach dem Gespräch unmittelbar umsetzbar sein.**

Auch das ist ein erneuter Realitätstest, ob Berater und Klient auf einen Nenner kommen.

← Unterstützer

Ein Teil der Schritte und Vereinbarungen bezieht sich konkret auf den Weg zum Ziel, ein anderer Teil dient der Einbindung von unterstützenden Bezugspersonen, die helfen, sich dem Ziel zu nähern.
Der Klient nennt am besten Personen aus dem privaten oder professionellen Umfeld, mit denen er das Ergebnis besprechen möchte, und entscheidet, wem er eine Kopie des Schreibens mitbringt. Im Bewusstsein, dass die Chancen der Umsetzung dadurch erhöht werden, ist es wichtig, dass der Berater hier Entscheidungshilfen gibt.
Einbezogen und mit Kopien versehen werden zunächst die überweisenden Personen:

BEISPIEL → »Herr M. wird das Ergebnis der Beratung mit seiner Therapeutin besprechen und ihr von den Gesprächen mit den genannten Bezugspersonen und Stellen berichten.«

Einbezogen werden sodann wichtige private und professionelle Bezugspersonen, die der Klient als unterstützend erlebt:

BEISPIEL → »Frau M. wird das Ergebnis mit ihrer Familie besprechen und vor allem um Unterstützung bei der Suche einer betrieblichen Hospitation bitten. Sie wird dies auch mit dem Sozialarbeiter des Betreuten Wohnens erörtern.«

Einbezogen werden sollten auch Funktions- und Entscheidungsträger, die im weiteren Verlauf wichtig sein könnten:

BEISPIEL → »Herr M. wird dieses Ergebnis der vorgeschlagenen ergotherapeutischen Praxis, dem Rehabilitationsberater der Arbeitsagentur und den infrage kommenden Reha-Einrichtungen weiterreichen mit der Bitte um Kenntnisnahme und gegebenenfalls notwendige Ergänzungen.«

Die Dokumentation des Gesprächs

Allzu häufig werden in der Beratungspraxis keine Aufzeichnungen gemacht und der meist psychisch beeinträchtigte Klient hat anschließend Mühe, sich alles zu merken. Häufig werden Mitteilungen an Überweiser, Ärzte und Leistungsträger im verschlossenen Umschlag übermittelt, ohne dass der Klient genau weiß, was geschrieben wurde, oder aber in einer Sprache, die nicht seine ist und die er womöglich teilweise auch gar nicht versteht.

Die Geste, das Schreiben in die Hände der Klientinnen und Klienten zu geben, ist gar nicht hoch genug einzuschätzen, und zwar als Botschaft, dass sie als steuernde Personen ihre eigenen Anliegen in der Hand haben.

Eine weitere Wirkung wird gleichzeitig erzielt: Indem die relevanten Bezugspersonen ein gleiches Schreiben erhalten, schafft man ein virtuelles Netz derjenigen Personen, die den Klienten in den vorgeschlagenen Zielen unterstützen sollen. Dies ist nicht als starre Vorgabe zu verstehen, sondern als eine Gesprächsgrundlage für die handelnden Personen und eine Empfehlung für den weiteren Prozess auf dem Weg zur Integration.

In vielen Settings fehlt häufig die Zeit, um am Ende des Gesprächs das Beratungsergebnis in eine ausformulierte schriftliche Form zu bringen. Mindestens eine halbe Stunde muss dafür tatsächlich einberechnet werden. Und es ist eine Tatsache, dass nicht alle professionellen Helfer flüssig am PC schreiben können und es ihnen peinlich sein kann, dies zuzugeben.

Das ist verständlich und zu berücksichtigen. Es zeichnet sich jedoch jetzt schon ab, dass Professionelle zunehmend selbst ihre Texte schreiben.
Nicht zu empfehlen ist es, das schriftliche Ergebnis später mit einem größeren zeitlichen Abstand zu schreiben. Es geht nicht schneller, die Unsicherheit wächst und die Rückmeldung fehlt zudem, ob das Ergebnis im Sinne des Klienten und seiner Bezugspersonen wirklich zutrifft.

TIPP → **Das Ergebnis des Beratungsgesprächs sollte unbedingt schriftlich formuliert werden, und zwar im Beisein der Klienten.**

Auch Klientinnen und Klienten haben teilweise Vorbehalte gegen das Aufschreiben und wollen sich der damit verbundenen Mühe nicht unterziehen. Dies erfüllt aber eben mehrere Funktion:

1. eine verbindliche Unterlage vorliegen zu haben,
2. sich nicht alles merken zu müssen und
3. das Ergebnis auch mit anderen Personen besprechen zu können.

Bei anfänglichen Vorbehalten wird dieses Vorgehen von den allermeisten Klienten begrüßt, und sie erfahren, dass hierdurch das Gespräch an Bedeutung über den Tag hinaus gewinnt. Auch die meisten Bezugspersonen freuen sich über solch eine Mitteilung, die sie mit einbezieht und allen Beteiligten beim weiteren Prozess eine Hilfestellung ist.

Schriftliche Formulierung des Ergebnisses

Zum Festhalten der Ergebnisse sollten sich Berater wie Klient spätestens nach einer Stunde – auch wenn noch nicht alles besprochen oder klar ist – an den PC setzen und beginnen, das Ergebnis aufzuschreiben. Dieses Vorgehen wird zu Beginn des Gesprächs angekündigt und begründet. Es dient der Entlastung: »Sie brauchen sich das im Einzelnen nicht zu merken, wir schreiben das am Ende des Gesprächs gemeinsam auf.«
Im PC kann eine grobe Maske der Gliederung vorbereitet sein und vor dem Gespräch können einige Angaben bereits eingetragen werden.

→ **Dokumentation, Seiten 39 ff.**

Unabhängig von anderen Details werden zuerst die Grunddaten der Person aufgenommen. Diese sind eventuell schon vorhanden, wenn der Klient bereits bekannt ist. Wenn er erstmals oder sogar einmalig kommt, sollte ein *Blatt für Basisdaten* für ihn bereitliegen, das er während der Wartezeit selbst bzw. mit Hilfe ausfüllt.

Die Basisdaten umfassen:

- Name und Vorname
- Datum des Beratungsgesprächs
- Adresse und Telefonnummer
- Wichtige Bezugspersonen
- Geburtsdatum, Familienstand
- Wohnform
- Krankenkasse, Rentenversicherung
- Zuständiger Leistungsträger und Berater
- Antrag auf medizinische / berufliche Rehabilitation gestellt?
- Lebensunterhalt

Für die Dokumentation des Gesprächs ist von Relevanz:

- Berufliche Situation
- Gesundheitliche Situation
- Derzeitige Situation
- Empfehlungen
- Vereinbarungen und Schritte
- Unterschriften

Der Klient wird als letzten Schritt der Beratung ermutigt, sich neben den PC zu setzen und bei der Verfassung des Textes mitzulesen, ab und zu auch mit zu formulieren. Viele Klienten sind mit dem PC inzwischen vertraut und haben Freude daran mitzuwirken. Das verstärkt ihr Gefühl, Einfluss nehmen zu können.

Die Stärke dieses schriftlichen Ergebnisses ist, die Sprache des Klienten aufgreifen zu können. Manchmal werden Sätze korrigiert oder sogar diktiert. Das ist eher hilfreich als lästig. Gemeinsam wird auf diese Weise ein kurzer Abriss erstellt zur Arbeits- und Gesundheits- bzw. Krankheitsgeschichte sowie zur derzeitigen Situation. Überweisende Personen und Vertrauenspersonen werden in den Blick genommen, sodass die Kopien des Schreibens dort jeweils gut und wirkungsvoll ankommen.

Auch wenn immer wieder das Argument aufkommt, die Zeit des Beraters erlaube diese Extraleistung des Aufschreibens nicht, möchte ich es entschieden vertreten, denn diese Zeit ist gut angelegt und spätere (zeitaufwendige) Missverständnisse und Misserfolge lassen sich minimieren.

⟵ Datenschutz

Das Ergebnis wird direkt ausgedruckt und vom Berater sowie vom Klienten unterschrieben. Dieser erhält die notwendigen Kopien, die er weitergeben kann. So ist auch der Datenschutz durch folgenden Satz gewährleistet: »Herr / Frau ... ist einverstanden, dass Kopien dieses Schreibens von ihm / ihr selbst an folgende Personen ergehen: ...«

In einigen Fällen, in denen das direkte Ausdrucken nicht möglich ist, kann das Ergebnis – das bereits vom Berater unterschrieben ist – in der gewünschten Zahl der Kopien und mit der Bitte um Unterschrift des Klienten nachgeschickt werden. Dieses Verfahren hat einige Nachteile, da immer wieder am Text korrigiert werden kann und das Schreiben nicht zum gleichen Zeitpunkt beide Unterschriften erhält.

Zwei Fallbeispiele für Dokumentation und Verlauf

Hier werden anonymisierte Fallbeispiele ausführlich vorgestellt, um deutlich zu machen, wie ein schriftliches Beratungsergebnis aussehen kann, und zwar exemplarisch an zwei typischen Beratungsorten. Auch der weitere Verlauf wird kurz skizziert.

Beratungsort: Psychiatrische Klinik
Ergebnis der Beruflichen Beratung am 10.9.2009
von Sabine Müller, geb. 12.5.1977

Adresse: Bachsstraße 17, 79112 Freiburg

Die Stationsärztin Frau Dr. Schuster moderierte und protokollierte das Gespräch mit Frau Müller. Es wurde im Beisein des Sozialarbeiters Herrn Maaßen, der das Gespräch vorschlug, der Ergotherapeutin Frau Besse und des Stationspflegers Herrn Schack auf der Station geführt.

Berufliche Situation

Frau Müller schloss ihre Schulbildung 1995 mit dem Abitur in Freiburg ab, wo sie bei ihren Eltern, beide in lehrenden Berufen tätig, und mit ihrer älteren Schwester in guten familiären Verhältnissen aufgewachsen ist.

Sie studierte in der Tradition der Familie und auf eigenen Wunsch Psychologie in Bonn, konnte dies jedoch aus gesundheitlichen Gründen nicht abschließen. Bis 2004 war sie immatrikuliert, danach zog sie zu den Eltern zurück. Seit dieser Zeit hatte sie gelegentlich kürzere Jobs in der Werbung, im Verkauf und in einer Online-Redaktion für jeweils 6–8 Monate inne, jedoch bisher noch keine feste Anstellung. Sie hoffte viele Jahre, auch ohne Abschluss als Psychologin tätig zu werden, Bewerbungen blieben jedoch ohne Erfolg. Seit 2006 ist sie arbeitslos oder krank.

Gesundheitliche Situation

Während der Diplomarbeit erkrankte Frau Müller in 2001 an einer Psychose und war seither jedes Jahr für mehrere Wochen in stationärer Behandlung, zunächst in Bonn, dann in Freiburg. Sie hatte immer wieder Fachärzte gewechselt und war auch nicht in der Lage, die verordnete Medikation regelmäßig einzunehmen. Es gab wiederholte Aufenthalte in Tageskliniken mit ergotherapeutischen Programmen, jedoch nicht gefolgt von weiterführenden Arbeitstherapien oder beruflichen Rehabilitationsmaßnahmen, sei es, dass Frau M. vorzeitig abbrach, sei es, dass ihr kein entsprechendes Angebot gemacht wurde.

Derzeitige Situation

Seit 2006 wird Frau Müller von der örtlichen psychiatrischen Klinik je nach Bedarf stationär, teilstationär und ambulant betreut. Es besteht inzwischen ein gutes Vertrauensverhältnis. Sie lebt seit einem Jahr im Betreuten Wohnen.

Frau Müller und das behandelnde Team berichten von einer Wende seit einigen Wochen: Um erneute Klinikeinweisungen zu verhindern, die jeweils sehr schmerzhaft für Frau Müller waren, sieht sie die Notwendigkeit einer kontinuierlichen fachärztlichen und medikamentösen Behandlung. Sie übernimmt mehr Verantwortung für eigene Tätigkeiten und beginnt zu erkennen, dass sie ohne Nachqualifizierung keine anspruchsvolle Tätigkeit finden kann. Zum Aufbau einer neuen beruflichen Perspektive hat sie sich Informationen eines Berufsförderungswerkes für eine kaufmännische Ausbildung und eines Beruflichen Trainingszentrums für ein berufsspezifisches Training besorgt. Ein Antrag auf berufliche Rehabilitation ist bei der Arbeitsagentur gestellt, ärztliche und psychologische Untersuchungen ergaben, dass die Belastungsfähigkeit für eine berufliche Rehabilitationsmaßnahme noch nicht ausreichend ist. Frau Müller reagiert darauf mit Ungeduld. Einsicht in die Unterlagen hat sie bisher nicht erhalten.

Heute ging es um die Frage, wie die nächsten Schritte in Richtung einer beruflichen Integration aussehen können, bei weiterer Förderung der psychischen Stabilisierung und Belastungsfähigkeit.

Empfehlungen

Sehr anerkannt wird von allen Beteiligten, dass Frau Müller nach langen Jahren der Erkrankung erneut die Motivation aufbringt, sich eine tragfähige berufliche Basis zu schaffen.

Die Motivation soll weiterhin gestärkt werden durch eine lohnens-

werte berufliche Qualifizierung und Förderung, um bessere Startbedingungen auf dem Arbeitsmarkt zu schaffen.
Um tragfähige berufliche Ziele zu erreichen und aus dem Kreislauf der wiederholten Klinikaufnahmen herauszufinden ist neben einer kontinuierlichen fachärztlichen und medikamentösen Behandlung eine teilstationäre oder ambulante Arbeitstherapie wichtig. Frau Müller kann dadurch selbst beurteilen, wann sie einer ganztägigen beruflichen Förderung gewachsen ist. Dieser Stufenplan sollte auch mit den Eltern besprochen werden, die sich große Sorgen um die Zukunft ihrer Tochter machen.

Vereinbarungen

1. Frau Dr. Schuster ist dafür zuständig, die Aufnahme in die angegliederte Tagesklinik mit begleitendem arbeitstherapeutischen Programm sowie die künftige fachärztliche Behandlung zu klären.
2. Herr Maaßen und Frau Müller werden einen Termin bei der Rehabilitationsberatung der zuständigen Arbeitsagentur vereinbaren, um Einsicht in die Gutachten zu erbitten und den hier empfohlenen Stufenplan zu erörtern.
3. Frau Müller holt Informationsmaterial ein zu beruflichen Qualifizierungsmaßnahmen im Berufsförderungswerk und Beruflichen Trainingszentrum und berichtet Herrn Maaßen davon.
4. Frau Müller ist motiviert, mit Herrn Schack und Frau Besse weiterhin bei Alltagsfertigkeiten und arbeitsbezogenen Tätigkeiten Eigenverantwortung zu üben. Dies soll auch mit der zuständigen Sozialarbeiterin des Betreuten Wohnens besprochen werden.
5. Frau Müller und Frau Dr. Schuster werden ein gemeinsames Gespräch mit den Eltern planen.
6. Frau Müller wird die hier Beteiligten über Veränderungen und Fortschritte informieren, unterstützt durch Herrn Maaßen, und ein weiteres Gespräch selbst terminieren.
7. Frau Müller erhält das Original dieses Schreibens und ist einverstan-

den, dass sie selbst Kopien überreicht an die Anwesenden, die Eltern, die Sozialarbeiterin des Betreuten Wohnens und den Rehabilitationsberater der Arbeitsagentur. Sie entscheidet, weiteren wichtigen Bezugspersonen, wenn notwendig, eine Kopie zu überreichen.

Frau Dr. Schuster *Frau Sabine Müller*

(Moderation des Gesprächs) **(Klientin)**

Der weitere Verlauf wird hier kurz skizziert:

Frau Müller konnte in der angegliederten Tagesklinik in den folgenden drei Monaten 2–3 Stunden am Tag in der Büro-Arbeitstherapie in einer Gruppe mit festem Tagesablauf tätig sein. Nach der Entlassung aus der TK wurde von der Institutsambulanz »Arbeitstherapie und Belastungserprobung« verordnet und das Programm für weitere neun Monate fortgesetzt. In dieser Zeit musste Frau Müller zwei Rückfälle mit akuter psychotischer Symptomatik überwinden, konnte sich jedoch durch die gemeinsam vereinbarten Ziele und Absprachen weiterhin motivieren und wieder stabilisieren.

In diese Zeit fielen mehrere Gespräche mit den Eltern, die ihre überhöhten Erwartungen den Realitäten anpassen und sich mit dem Stufenplan anfreunden konnten.

Frau Müller entschied sich nach der Arbeitstherapie für das Berufliche Trainingszentrum, im Pendelbereich ihrer betreuten Wohnung. Den Anforderungen einer kompletten neuen Ausbildung im Berufsförderungswerk fühlte sie sich nicht gewachsen. Im BTZ baute sie im realistischen Arbeitsmilieu Grundarbeitsfähigkeiten und Verantwortungsbereitschaft weiter auf, überprüfte Kompetenzen im Büro- und Dienstleistungsbereich und durchlief eine Teilqualifikationen im PC-Bereich. Durch Reflexionsgespräche mit anderen Teilnehmern und einem psychoedukativen Kurs konnte sie erstmals erarbeiten, wo Stärken und wo Gefahren für ihre psychische Stabilität lagen, und einen »Frühwarnplan« für etwaige Rückfälle erstellen.

Im Praktikum in der Verwaltung eines Pflegeheims bestätigten die Vorgesetzten Frau Müller bei Anfragen, mit den alten Menschen geduldig und einfühlsam zu handeln. Ihrer ursprünglichen Motivation und Berufswahl zur Psychologin wurde damit eine Alternative geboten. Gemeinsam mit dem Beruflichen Trainingszentrum wurde eine entsprechende Stelle gesucht und vorbereitet. Es erfolgte eine intensive Begleitung und Unterstützung von Frau Müller und auch des Arbeitgebers zunächst durch den Jobcoach des BTZ, dann längerfristig durch den Integrationsfachdienst. Nach zwei Jahren konnte festgestellt werden, dass Frau Müller zwischenzeitliche Krisen besser meisterte, ohne die Stelle zu verlieren, dass Vereinbarungen zu Medikamenten und therapeutischen Gesprächen eingehalten wurden und die Arbeitsstelle eine neue Qualität und Befriedigung ins Leben von Frau Müller brachte. Das Betreute Wohnen blieb weiterhin erhalten.

Beratungsort: psychotherapeutische Praxis
Ergebnis der beruflichen Beratung am 21. 8. 2009
von Adrian Slozek, geb. 1. 10. 1984

Adresse: Im Blumenfeld 3, 51368 Köln

Die berufliche Beraterin Frau Heinze moderierte und protokollierte das Gespräch mit Herrn Slozek im Beisein der Psychotherapeutin Frau Meyer, die das Gespräch vorgeschlagen hatte.

Berufliche Situation

Herr Slozek beendete seine Schulbildung mit dem Abschluss der Höheren Handelsschule im August 2004 und fand danach durch eine Qualifizierungsmaßnahme der Arbeitsagentur eine Ausbildungsstelle zum Bürokaufmann, die er im Februar 2007 in den praktischen Prüfungen abschloss. Betriebsbedingt konnte er nur weitere sechs Monate dort beschäftigt werden. Von September 2007 bis April 2008 war er arbeitslos, fand dann aber eine Arbeitsstelle in einem Lager, die er nach zwei Monaten wegen eines körperlichen und psychischen Zusammenbruches aufgeben musste. Seit Juni 2008 bewarb er sich auf viele Stellen ohne Erfolg und hat seither den Berater der Arbeitsagentur nicht mehr gesehen.

Gesundheitliche Situation

Erste gesundheitliche Störungen traten während der Berufsausbildung auf: übermäßig viele Gedanken an die Arbeit, Schlafstörungen und zunehmender Druck vor Prüfungen.

In seinem Ausbildungsbetrieb war er allseits sehr beliebt, konnte jedoch wegen massiver Ängste keinen Abschluss in den theoretischen Fächern erzielen und lediglich für weitere sechs Monate übernommen werden. Die anschließende Zeit der Arbeitslosigkeit war für ihn schwer zu ertragen, und so trat er erfreut, aber auch angespannt die neue Stelle im Lager an. In den ersten Tagen war er sehr nervös, auch ja alles richtig zu machen, erledigte die Aufgaben übergenau inklusive der geforderten Überstunden. Er nahm untertags kaum Nahrung zu sich, machte keine Pausen, schlief nachts kaum und erlitt nach zwei Monaten einen körperlichen und psychischen Zusammenbruch. Die Kündigung, noch in der Probezeit, erlebte er als großen Misserfolg.

Die Haus- und Fachärztin riet zu einer Psychotherapie, die er seit Januar 2009 bei Frau Meyer in Anspruch nimmt. Bisher konnte er auslösende Faktoren seines Zusammenbruches bearbeiten und ist dabei, neue Wege von Selbstmanagement und Entspannung zu üben.

Derzeitige Lebenssituation

Herr Slozek lebt mit seinen Eltern in Köln, nach der Übersiedelung aus Polen 1989. Der Vater ist Fernkraftfahrer, die Mutter Hausfrau, die Herrn Slozek und seinen jüngeren Bruder versorgt, der eine Mechatroniker-Ausbildung durchläuft. Alle machen sich Sorgen um Herrn Slozek, wobei der Vater, selbst ein überaus genauer Arbeitnehmer, zu rascher Arbeitsaufnahme drängt. Die Mutter sieht jedoch die psychische Anspannung und wünscht ihrem Sohn Schonung. Dieser kann sich zu Hause nicht genug Ruhe gönnen, sitzt oft erschöpft vor dem PC und sucht ständig nach einer neuen Stelle.

Empfehlung

Ich habe großen Respekt davor, dass Herr Slozek sich weiterhin um neue Arbeit bemüht. Wegen seiner schon länger andauernden Überforderungsproblematik rate ich jedoch in zwei Stufen vorzugehen: zunächst eine mehrmonatige Belastungserprobung und Rehabilitationsabklärung mit dem Ziel, Leistung und Entspannung in eine gesundheitsförderliche Balance zu bringen. Hierfür sollte die Psychotherapie fortgeführt werden. In einer zweiten Stufe wird eine begleitete Arbeitsvorbereitung vorgeschlagen, um bessere Startbedingungen für eine neue Arbeitsstelle zu schaffen.

Vereinbarungen

1. Herr Slozek wird dieses Ergebnis mit seiner Fachärztin und Psychotherapeutin besprechen.
2. Er wird sich um einen Informationstermin bei der neuen ambulanten medizinischen Rehabilitationsmaßnahme oder alternativ der ergotherapeutischen Praxis bemühen mit dem Ziel, eine arbeitsbezogene Belastungserprobung zu durchlaufen (Adressen anbei). Er wird jeweils Frau Meyer berichten.
3. Er wird dieses Ergebnis auch mit seiner Familie besprechen und ihnen den empfohlenen Stufenplan erklären. Ein gemeinsames Gespräch mit Frau Meyer könnte dabei hilfreich sein.
4. Er wird seinen Arbeitsberater darüber informieren, dass zunächst eine medizinisch-therapeutische Stufe vor der Wiederaufnahme der Arbeit geplant ist, und dann erneut einen Termin mit dem Arbeitsberater zur Unterstützung bei Stellensuche und Bewerbung vereinbaren.

5. Herr Slozek erhält das Original und ist einverstanden, dass er selbst Kopien an seine Therapeutin, seine Familie, den Arbeitsberater und die Orte der Belastungserprobung überreicht.

Frau Heinze *Herr Slozek*

(Berufliche Beratung) **(Klient)**

Der weitere Weg wird hier skizziert:

Da eine zu lange Warteliste für die vorgeschlagene Rehabilitationsmaßnahme vorlag, entschied sich Herr Slozek für eine Belastungserprobung in der als Alternative vorgeschlagenen ergotherapeutischen Praxis. Die Fachärztin verordnete zunächst sechs Einheiten, die für ein Assessment mithilfe verschiedener handwerklicher und bürobezogener Tätigkeiten genutzt wurden. Es zeigte sich, dass Herr Slozek hoch motiviert arbeitete, jedoch sich schon bei kurzen Sequenzen von 1–2 Stunden verausgabte und nervös und erschöpft wirkte. In den weiteren verordneten und verlängerten Behandlungseinheiten über insgesamt sechs Monate wurde ein Rhythmus von Arbeit und Pausen, von geistiger und körperlicher Anstrengung und Entspannung trainiert, was er zu Hause in den Zwischenzeiten fortsetzte und für die nächste Behandlung protokollierte.

Die Familie wurde in einem gemeinsamen Gespräch in den »Trainingsplan« mit einbezogen.

Zusätzlich wurde Herrn Slozek ein Kurs zum Erlernen von Entspannungstechniken vermittelt. Die Therapiegespräche fokussierten unter anderem das große, aber auch belastende Vorbild des Vaters.

Nach sechs Monaten meldet er sich bei seinem Arbeitsberater, der ihn beim Prozess der Stellensuche durch einen Bewerbungskurs unterstützte.

Da sich die Überforderungssymptomatik zwar gebessert hatte, jedoch weiterhin vorhanden war, zum Beispiel mit Schlafstörungen in heiklen Situationen, wurden die Therapiesitzungen während der Stellensuche intensiviert. Als Herr Slozek eine Arbeitsstelle im Lager eines Autohauses antreten konnte, gewährte die Arbeitsagentur einen Einarbeitungszuschuss, wodurch der Arbeitgeber bereit war, in der Probezeit eine sorgfältige Einweisung vorzunehmen und auf Überstunden zu verzichten. Der Arbeitgeber konnte sich bei Schwierigkeiten in der Einarbeitungszeit an den Berater der Arbeitsagentur wenden, anschließend durch erneut verordnete Einheiten an den Ergotherapeuten, der nach Absprache mit Herrn Slozek auch unterstützende Besuche am Arbeitsplatz ermöglichte.

Es ist auch in Zukunft nicht auszuschließen, dass Herr Slozek erneut Probleme am Arbeitsplatz bekommt, wenn äußerer und innerer Stress zu einer krisenhaften Situation führt. Jedoch hat er sich inzwischen ein Netz von Bezugspersonen aufgebaut, die frühzeitig helfen. Neben der Gesprächstherapeutin und dem Ergotherapeuten gehört für die langfristige Begleitung auch der Integrationsfachdienst dazu. Herr Slozek plant, in eine eigene Wohnung zu ziehen.

Der Weg zur Beschäftigung

Arbeitsanforderungen

Aus der rehabilitativen Beratung erwachsen erste konkrete Schritte zur Förderung und Vorbereitung auf eine Betätigung, Beschäftigung oder berufliche Arbeit.

ABBILDUNG 2 Arbeit und ihre Anforderungen (BTZ Köln 2005, www.btz-koeln.de)

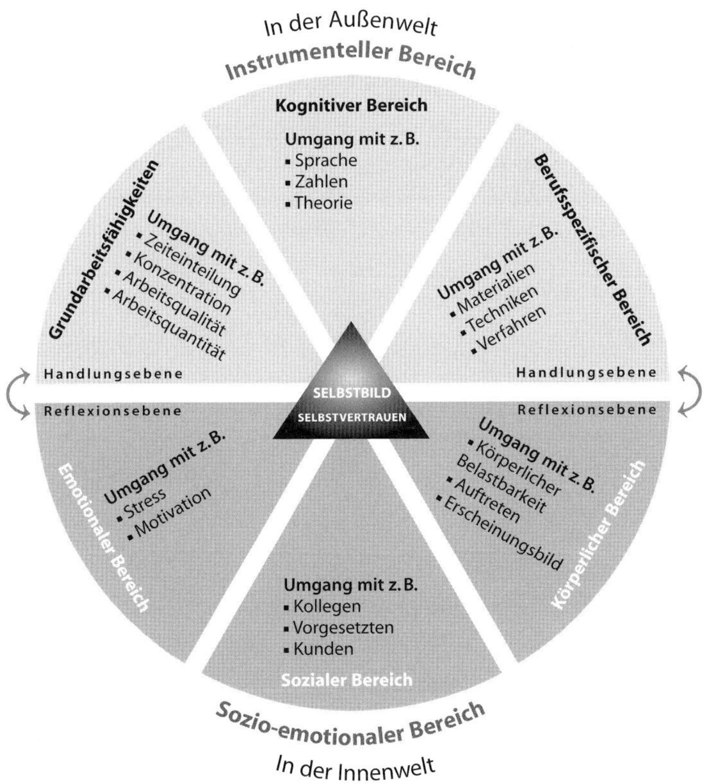

Jede menschliche Aktivität vom Hobby bis zur versicherungspflichtigen Erwerbstätigkeit besteht aus einem instrumentellen und einem soziodynamischen Bereich, denen jeweils besondere Segmente zugeordnet werden können. Dies zeigt die obige Abbildung in einem Modell, wie es zunächst von den amerikanischen Soziologen J. und E. Cumming und dem englischen Psychiater Douglas Bennett eingeführt und in Deutschland weiterentwickelt wurde (Bennett 1993). Das Modell steht sowohl für die Anforderungen in einer Arbeitssituation als auch für die Fertigkeiten der arbeitenden Person (Köhler / Steier-Mecklenburg 2008).
Während die Abbildung 2 nur einige wenige Beispiele nennt, findet sich in Abbildung 3 eine Liste der Arbeitsfähigkeiten und Anforderungen. Sie dient Beratern und Klienten als Hilfsmittel, um die individuellen Kompetenzen und Defizite besser ordnen zu können. Sie kann, ebenso wie das Schaubild, im Gespräch ausgedruckt auf dem Tisch liegen.

ABBILDUNG 3 Elemente eines individuellen Fähigkeits- und Anforderungsprofils

1 Kognitiver Bereich

Umgang mit Kulturtechniken:
- Rechnen
- Sprechen
- Lesen
- Schreiben

Umgang mit intellektuellen Anforderungen:
- Auffassungsgabe
- Aufmerksamkeit
- Vorstellungsvermögen
- Kritische Kontrolle
- Lernfähigkeiten
- Arbeitsplanung
- Veränderungen und Flexibilität
- Problemlösungen
- Abstraktionsfähigkeit
- Logisch-analytisches Denken

2 Bereich der Grundarbeitsfähigkeiten

Umgang mit:

- Sorgfalt
- Ausdauer
- Konzentration
- Selbstständigkeit
- Pünktlichkeit
- Zeiteinteilung
- Arbeitstempo
- Arbeitsqualität
- Arbeitsquantität
- Einhalten von Regeln
- Misserfolgstoleranz
- Prioritätensetzung
- Verantwortungsübernahme

3 Emotionaler Bereich

Umgang mit:

- Konflikten
- Interessen
- Intuition
- Kreativität
- Motivation
- Eigeninitiative
- Empfindungen
- Gefühlen
- Stimmungen
- Stressbewältigung
- Leistungsdruck

4 Sozialer Bereich

Umgang mit:

- Respekt, Rücksicht, Toleranz
- Kontakt- und Beziehungsaufbau
- Kollegen
- Vorgesetzten
- Kunden
- Teamarbeit
- Nähe, Distanz und Abgrenzung
- Wechselnden Personen und Gruppen

- Kritikfähigkeit
- Kritisierbarkeit
- Wünsche und Bedürfnisse benennen
- Berechtigte Forderungen stellen
- Durchsetzung
- Anpassung
- Absprachen
- Zuverlässigkeit
- Führungsfähigkeit

5 Körperlicher Bereich

Umgang mit:

- Körperkraft und Beweglichkeit
- Stehen, Sitzen, Gehen
- Antrieb
- Geschicklichkeit
- Feinmotorik
- Reaktionsgeschwindigkeit
- Äußeres Erscheinungsbild
- Körperpflege
- Kleidung
- Persönliches Auftreten
- Schlaf-wach-Rhythmus
- Ermüdung
- Schmerzzuständen
- Körperlichen Behinderungen
- Mobilität

6 Berufsspezifischer Bereich

Umgang mit:

- Werkzeugen, Geräten und Maschinen
- Materialien, Techniken und Verfahren
- Formgebendes handwerkliches Geschick
- Hantierungsgeschick
- Handwerklich-technisches Verständnis
- Speziellen Kulturtechniken
- Sprachlogischen Fähigkeiten
- Formallogischen Fähigkeiten
- Informationstechnologie
- Speziellen körperlichen, geistigen, psychosozialen und kommunikativen Fähigkeiten

Umgang mit:
- Selbstwahrnehmung
- Fremdwahrnehmung
- Einschätzung der eigenen Fähigkeiten
- Eigenständigkeit
- Selbstvertrauen
- Entscheidungsfähigkeit
- Eigener Rolle
- Zufriedenheit
- Sinnerfüllung
- Zukunftsperspektive

Während der Klient von Arbeitserfahrungen berichtet, kann die Abbildung helfen, die Erfahrungen zu strukturieren und vergangene, gegenwärtige und mögliche zukünftige Arbeitssituationen zu verdeutlichen. Aber nicht nur bei der Beratung kann die Abbildung Hilfen geben, sondern bei jeder Betrachtung praktischen Tuns, das auf die Beratung folgt: im Assessment und in der Belastungserprobung, in der Arbeitstherapie und beim beruflichen Training, während der Hospitation und des Praktikums sowie zur Vorbereitung auf eine neue Stelle.
Die Fähigkeiten, die im Laufe des Schulbesuchs, der Berufsausbildung oder anderer Erwerbstätigkeiten erworben und weiterentwickelt wurden, können anhand der Abbildung beschrieben werden. Oft führt das zu ganz neuen Entdeckungen von Ressourcen. So entsteht ein individuelles Bild je nach Begabungs-, Ausbildungs- und Erfahrungshintergrund. Dabei steht die Selbsteinschätzung der Klientinnen und Klienten in der Beratungssituation im Vordergrund. Die Fremdeinschätzung geschieht durch Vorgesetzte und Kollegen bei Belastungserprobungen, Trainings und Arbeitsstellen.
Zu beachten ist dabei: Wenn Klienten lange nicht gearbeitet haben, ist es nicht verwunderlich, dass sich ihre auch sonst schwankende Selbsteinschätzung nicht mit der Fremdeinschätzung deckt.
In gleicher Weise können dem Klienten Anforderungen an konkreten Arbeitsplätzen verdeutlicht werden. Meist werden sie von Vorgesetzten for-

muliert, zum Beispiel bei einem Praktikum. Wünschenswert sind klare Vorgaben vor allem während der Einarbeitung an einem neuen Arbeitsplatz, woran es nämlich oft mangelt.
Darunter leiden psychisch Kranke besonders, zumal die heutige Arbeitswelt raschen Wechseln unterliegt. Die geforderte Flexibilität kann dann besser von psychisch beeinträchtigten Menschen geleistet werden, wenn Arbeitsanforderungen klar und deutlich formuliert werden, der Klient seine Stärken und Probleme kennt und benennen kann. Auch dabei hilft die Abbildung.

Instrumentelle und soziodynamische Aspekte der Arbeit

Der sogenannte instrumentelle Bereich einer Tätigkeit ist sichtbarer und deshalb einfacher einzuschätzen und darzustellen. Er umfasst die nötigen Arbeitsfähigkeiten und die zu erwartenden Anforderungen an der Arbeitsstelle.
Der sozioemotionale Bereich ist verborgener, nicht gut messbar und kann eher durch Reflexion, zum Beispiel in Vor- und Nachgesprächen, sichtbar gemacht werden. Diese Aspekte (wie die Motivation, die Kritisierbarkeit etc.) können wiederum andere Aspekte wie Pünktlichkeit in einen positiven Kreislauf und Schwung bringen, wodurch das Selbstvertrauen als wichtige Kernkompetenz wächst.
Beide Bereiche sind selbstverständlich miteinander verflochten und interagieren. Zusammengenommen verdeutlichen sie das Verständnis darüber, dass es nicht um einzelne Fertigkeiten geht, die dem psychisch Kranken abhandengekommen sind. Es geht vielmehr um den Verlust einer sozialen wie gesellschaftlichen Rolle des Arbeitnehmers (Haerlin 1993). Dazu gehören die eigenen Fähigkeiten, angewandt in einer konkreten Arbeitssituation, die von den Erwartungen der Vorgesetzten und Kollegen abhängig ist sowie von den Betriebsstrukturen geprägt wird.

Am ehesten wird man dem komplexen Geschehen gerecht, wenn Selbst- und Fremdeinschätzung und ein Vergleich von beidem miteinander verbunden werden. Wo die Einschätzungen auseinanderklaffen, ist ein besonderer diagnostischer, beratender und trainierender Bedarf gegeben.

BEISPIEL → BERATERIN »Hier in der Beratung sprechen wir über Ihre Arbeit und gehen vor allem von der Einschätzung Ihrer vergangenen Erfahrungen aus. Ich möchte Ihnen als nächsten Schritt empfehlen, Ihre derzeitigen Fähigkeiten durch eine praktische Erprobung zu überprüfen. Dann kommt zum Gespräch auch das Handeln. Zu Ihrer jetzigen Selbsteinschätzung kommt die Fremdeinschätzung des Anleiters. Daraus könnte sich ergeben, was Sie weiterhin trainieren und anstreben sollten.«

Der Prozess der Rehabilitation und Integration

Wenn klar ist, worin Arbeitsanforderungen und Arbeitsfähigkeiten bestehen, kann der Prozess der Rehabilitation beschrieben werden. Eine handlungsleitende Definition muss Vorurteilen und schwammigen Vorstellungen weichen.

Aussprüche wie »Herr Sommer ist nicht *rehabilitierbar*« gehören zum Glück der Vergangenheit an, denn hier wird Rehabilitation mit Integration verwechselt. Ich bin aber auch der Meinung, dass Aussprüche wie »Frau Winter ist nicht *integrierbar*« ebenso auf den Müllhaufen der Geschichte gehören.

Eine Person wird den Weg der Rehabilitation und Integration erst gehen, wenn eine lohnenswerte Perspektive klar wird und hierfür genügend Motivation und Kraft gesammelt werden kann. Arbeit, die extreme Anpassung des Menschen an wirtschaftliche Bedingungen verlangt, macht die Sinnsuche oft schwer und viele professionelle Helfer empören sich zu Recht mit ihren Klienten über ausbeuterische Verhältnisse.

TIPP → **Unter Rehabilitation versteht man die bestmögliche Förderung beruflicher Fähigkeiten in einem gesellschaftlichen Umfeld, das Integration ermöglicht. Sie verhilft dem Klienten dazu, erneut eine Arbeitnehmerrolle zu finden.**

Douglas Bennett hat bereits in den sechziger Jahren in seiner rehabilitativ orientierten Tagesklinik in London vorgeführt, dass jeder das Recht hat und auch die Möglichkeit erhalten sollte – wo immer er sich befindet –, seine ihm angemessenen Schritte der Förderung zu gehen. Wie weit er damit kommt, wird sich zeigen. Wichtig ist, dass ihm die Chancen eröffnet werden, einen Platz in der Gesellschaft zu finden, sei es auf dem allgemeinen oder geschützten Arbeitsmarkt oder durch Aufgaben in der Familie und dem örtlichen Umfeld.
Es besteht also immer eine Wechselwirkung zwischen der Person und dem Umfeld. Befriedigung im Rehabilitations- und Arbeitsprozess wird dadurch erzeugt, dass die Person einen gesellschaftlichen Beitrag leistet und sie dafür etwas zurückbekommt, zum Beispiel Anerkennung und Geld. So wird sehr schnell deutlich, dass in unterschiedlicher Umgebung jeweils sowohl verschiedene Möglichkeiten der Förderung und Rehabilitation als auch der Integration und Inklusion realisierbar sind.

Hilfen im rehabilitativen Prozess

Die Hilfen im rehabilitativen Prozess werden immer wieder verschieden dargestellt, je nachdem, ob man vom Leistungsträger, vom Klienten oder von den örtlichen Diensten ausgeht.
Zunächst weist der Rehabilitationsverlauf Phasen auf, die in Diagnostik, Training/Qualifizierung und Integration unterschieden werden. Das bundesdeutsche System gliedert diese Phasen entlang ihres Kosten- und Leistungssystems in medizinische, soziale und berufliche Rehabilitation.
Die immer wieder beklagten Hürden für Klienten, Familien und professionelle Helfer entstehen durch Klüfte dazwischen, lange gewachsene

← **Leistungsträger**

unterschiedliche gesetzliche Rahmenvorgaben und sprachliche Verwirrung.

Nach einer klinisch-medizinischen Behandlung oder im Verlaufe einer sozialen bzw. psychosozialen Betreuung kann eine Maßnahme der medizinischen und/oder der beruflichen Rehabilitation (jetzt: »Leistung zur Förderung der Teilhabe«) notwendig werden.

»Soziale Rehabilitation« gibt es namentlich und rechtlich in Deutschland nicht, sie entspricht aber den »Leistungen zur Teilhabe am Leben in der Gemeinschaft« und der Eingliederungshilfe, wie es das SGB IX und SGB XII regelt. Die wichtigste Leistung ist die Finanzierung des Arbeitsbereiches der Werkstätten für behinderte Menschen (WfbM) und – regional allerdings verschieden – der Bereich »Zuverdienst«.

LITERATUR → Verschiedene Publikationen geben weitere Informationen. Zum Weiterlesen seien hier empfohlen: K. Fassauer, *Chancen und Möglichkeiten der Rehabilitation psychisch Kranker und behinderter Menschen* (2004); H. Mecklenburg und J. Storck, *Handbuch berufliche Integration und Rehabilitation. Wie psychisch kranke Menschen in Arbeit kommen und bleiben* (2008); Aktion Psychisch Kranke, *Individuelle Wege ins Arbeitsleben* (2004) und *Personenzentrierte Hilfen zu Arbeit und Beschäftigung* (2008) sowie T. Becker, *Rehabilitation bei schizophrenen Erkrankungen* (2007).

Wer hat Anspruch auf Rehabilitation?

Alle Menschen, die aufgrund einer psychischen oder anderen Erkrankung den Einstieg ins Arbeitsleben und damit zur gesellschaftlichen Integration von sich aus nicht erreichen, haben Anspruch auf Maßnahmen der Rehabilitation.

Wo ist nun der Anspruch auf berufliche Beratung formuliert und welche gesetzlichen Vorgaben gibt es dazu?

Deutlich ist die Leistung der beruflichen Beratung im § 110 SGB IX bezüglich der Aufgaben des Integrationsfachdienstes formuliert. Darüber hinaus gilt grundsätzlich, dass die berufliche Beratung integraler Bestandteil von Rehabilitationsleistungen und möglichst auch von Behandlung darstellt und deshalb nicht gesondert aufgeführt wird. Im § 33 SGB IX kann an verschiedenen Stellen vorausgesetzt werden, dass diese Leistungen ohne eine initiale Beratung keinen Sinn haben (etwa bei Leistungen der Berufsvorbereitung oder beruflichen Anpassung). Der Tenor dieses Gesetzes zur Rehabilitation und Teilhabe behinderter Menschen wird im ersten Kapitel deutlich, etwa bei der Leistung, die Teilhabe am Arbeitsleben entsprechend den Neigungen und Fähigkeiten dauerhaft zu sichern.

Von diesen Vorgaben ist abzuleiten, dass es nicht um eine zusätzliche, neu zu finanzierende Leistung geht, sondern um einen angemessenen Platz der Beratung im Behandlungs- und Rehabilitationsprozess, wenn notwendig durch Prioritätenverschiebung, damit Zeit und Raum hierfür zur Verfügung stehen. Behandlungsorte und vor allem Rehabilitationsangebote haben sehr wohl Qualitätsstandards und Gepflogenheiten entwickelt und überall dort, wo Mitarbeiter und Dienste die Wichtigkeit erkannt haben, finden sich gute Beispiele.

Die Leistungen zur Teilhabe (§ 4 SGB IX) gehen sogar über den Arbeitsbereich hinaus und erstrecken sich insgesamt auf das »Leben in der Gemeinschaft«, also darauf, Behinderung abzuwenden und zu vermindern oder Verschlimmerungen zu verhüten.

Die Anträge werden bei den entsprechenden Rehabilitationsträgern gestellt: Krankenkassen, Bundesagentur für Arbeit, ARGE/Kommunen, Rentenversicherung, Unfallversicherung, Kriegsopferversorgung, Jugendhilfe, Sozialhilfe.

Für die Rehabilitationsleistungen ist – anders als viele Menschen meinen – kein Behindertenausweis notwendig. Dieser ist erst später im Arbeitsleben von Bedeutung, um eine spezielle Begleitung (etwa durch den Integrationsfachdienst), einen speziellen Schutz (Kündigungsschutz) oder spezielle Hilfen bei der Eingliederung am Arbeitsplatz (etwa in einer Integrationsfirma) zu bekommen.

Welche Angebote gibt es?

Die bestehenden Angebote umfassen die medizinische und die berufliche Rehabilitation sowie Hilfen zur Integration.

Einrichtungen und Maßnahmen der *medizinischen Rehabilitation* sind:

- ambulante medizinische Rehabilitation, zum Beispiel Rehabilitationsabklärung und Aufbau von Belastungsfähigkeit – oft in der Region gut zu erreichen;
- psychosomatische (Kur-)Kliniken, oftmals überregional und wenig örtlich vernetzt;
- Rehabilitationseinrichtung für psychisch kranke Menschen (RPK), in stationärer oder ambulanter Form. Sie bilden zugleich den Übergang von der medizinischen zur beruflichen Rehabilitation.

Daneben gibt es die Einrichtungen und Maßnahmen der *beruflichen Rehabilitation* (jetzt: »Förderung zur Teilhabe am Arbeitsleben«).

Die Leistungen der beruflichen Rehabilitation können im Einzelfall sehr individuell zugeschnitten und ausgewählt werden, zum Beispiel über einen Antrag zum Persönlichen Budget (§ 17 SGB IX) mit dem sich der Betroffene die Leistungen selbst »einkaufen« kann. Solche Leistungen können sein:

- Assessment, Profiling, Orientierungsmaßnahmen, Berufsfindung und Arbeitserprobung für Jugendliche und Erwachsene in BBW, BFW, BTZ und bei anderen Trägern solcher Angebote,
- Vorbereitungsmaßnahmen auf eine Ausbildung für Jugendliche und Erwachsene,
- Erstausbildung für Jugendliche in Berufsbildungswerken (BBW) oder Betrieben,
- Umschulung für Erwachsene in Berufsförderungswerken (BFW) oder Betrieben,
- Orientierung, Abklärung und berufliches Training in Beruflichen Trainingszentren (BTZ) oder bei anderen Trägern,
- Unterstützte Beschäftigung (»supported employment«), unter anderem zur Vermeidung einer Aufnahme in die Werkstatt für behinderte

Menschen (WfbM) unter anderem in Betrieben des allgemeinen Arbeitsmarktes gefördert,
- Berufliche Bildung und Förderung sowie dauerhafte Beschäftigung in einer Werkstatt für behinderte Menschen (WfbM).

Schließlich existieren spezielle *Hilfen zur Integration auf dem allgemeinen Arbeitsmarkt.* Sie bilden den Übergang von beruflicher Rehabilitation zum Arbeitsplatz und werden teilweise vom Leistungsträger der Integrationsämter für Schwerbehinderte gewährt, teilweise von oben genannten Leistungsträgern. Es handelt sich um:
- Integrationsfachdienste (IFD) auf dem allgemeinen Arbeitsmark,
- Integrationsfirmen (IF) auf dem allgemeinen Arbeitsmarkt.

Art und Qualität der Angebote

Besonders im städtischen Raum existiert eine (oft verwirrende) Fülle von Einrichtungen und Maßnahmen. Deshalb wird immer mehr darauf abgezielt, die Art des jeweiligen Angebots am Klienten und seinem individuellen Bedarf und nicht an den zufällig vorhandenen Angeboten zu orientieren. Früher hieß es: »Gehen Sie zur Reha-Einrichtung, dort wird Ihnen weitergeholfen.« Heute, im Zeichen individueller Hilfeplanung, heißt es: »Sie benötigen eine Belastungserprobung der Grundarbeitsfähigkeiten oder eine Berufsfindung zur Entscheidung über eine Ausbildung – hierfür werden wir eine geeignete Einrichtung finden.«

Dieses sogenannte funktionale, personenzentrierte Vorgehen hat das Modell des Kölner Instrumentariums zur Rehabilitation und Integration aufgegriffen. Es wurde von den rehabilitativen Diensten der Psychosozialen Arbeitsgemeinschaften (PSAG) in Köln entwickelt und bekam so seinen Namen.

Im Beratungsgespräch kann die Abbildung 4 verwendet werden, um dem Klienten zu verdeutlichen, wo er jetzt steht und welche weiteren Möglichkeiten und Schritte – hier »Funktionen« genannt – für ihn sinnvoll sind. Er kann zu Hause selbst im Internet die weiteren Informationen abrufen

ABBILDUNG 4 Kölner Instrumentarium (www.koelnerinstrumentarium.de)

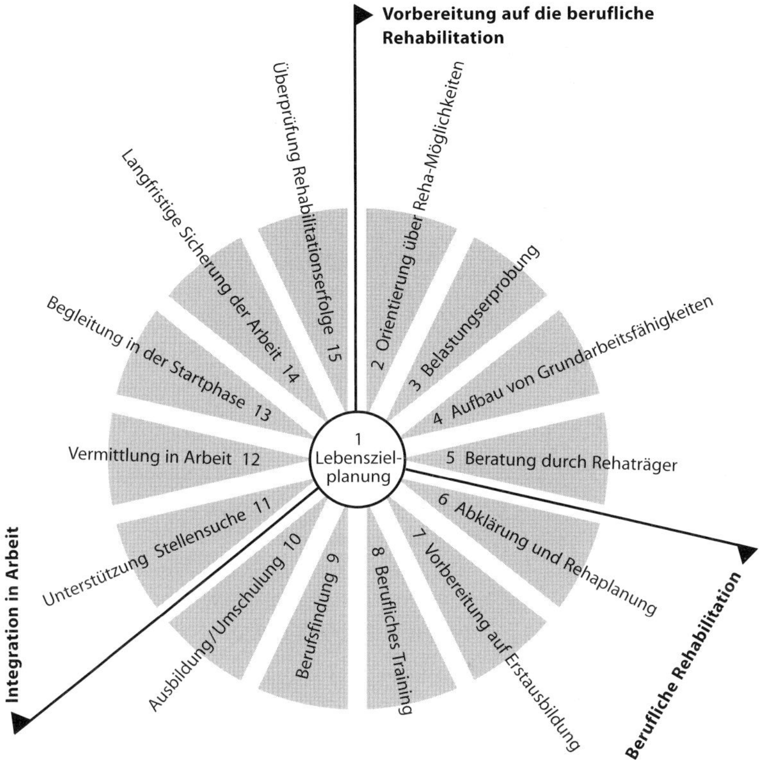

(www.koelnerinstrumentarium.de), um seinen Kenntnisstand zu vertiefen, Familie und wichtige Bezugspersonen zu informieren. Das Kölner Instrumentarium bietet Links zu rehabilitativen Netzen und Adressen an. Das ist eine weitere Möglichkeit, sich als Klient zum Experten seiner eigenen Angelegenheiten zu machen.

Wenn klar ist, welche individuelle Fähigkeiten in welcher Art und Qualität zu fördern sind, dann ist die richtige »Haustür« entscheidend. Das wird durch die örtlichen Wegweiser der Psychosozialen Arbeitsgemeinschaft, der »Runden Tische Rehabilitation und Arbeit« sowie mittels der Gesundheitsämter erreicht, die heute vielfach vernetzt sind und Informationen weitergeben. Immer noch gibt es schriftliche Verzeichnisse, vieles ist heute online zu finden und hat dadurch meist auch eine größere Aktualität.

Wer über die Beratung hinaus auch im Bereich Orientierung, Assessment, Training und Integration tätig ist, findet heute eine Reihe von Instrumenten (HAERLIN 1994). Hier werden einige Beispiele genannt, zu denen auch Publikationen vorliegen.

Bei der Feststellung und Stärkung der Fähigkeiten haben sich Instrumente zum handlungsorientierten Tun bewährt, die im Rahmen der rehabilitativen Angebote genutzt werden können (MAROTZKI u. a. 2004).

Angelsächsische Instrumente, vor allem in der Ergotherapie angewandt, sind:

- Workers Role Interview (WR),
- Worker Environment Inventory Scale (WEIS),
- Occupational Self Assessment (OSA),
- Canadian Occupational Performance Measure (COPM).

Deutsche Instrumente vor allem für die Vorbereitung auf berufliche Integration heißen:

- Merkmalprofile zur Eingliederung Leistungsgewandelter und Behinderter in Arbeit (MELBA),
- Instrumentarium zur Diagnostik der Arbeitsfähigkeiten (IDA),
- Ergotherapeutisches Assessment (EA),
- Osnabrücker Arbeitsfähigkeitenprofil (O-AFP),
- Zusammenhang zwischen Erkrankung, Rehabilitation und Arbeit (ZERA).

Das O-AFP und ZERA lassen sich gut mit dem hier dargestellten Vorgehen verbinden. Letzteres befähigt die Klientinnen und Klienten durch psychoedukative Gruppenmethoden – im Sinne des Empowerments –, den Umgang mit ihrer Krankheit im Arbeitsgeschehen zu verstehen und zu verbessern. Frühwarnzeichen und rechtzeitige Hilfen werden individuell erarbeitet.

Vorgehensweisen bei besonderen Klientengruppen

Es sei daran erinnert, dass berufliche Beratung weniger nach psychiatrischen Diagnosen differenziert, sondern eher nach Altersgruppen und beruflicher Erfahrung, was hier durchgängig berücksichtigt wird. Einige Vorgehensweisen bei besonderen Klientengruppen sollen genannt werden.

Junge Erwachsene

Bei jungen Erwachsenen ist es wichtig, die Ziele auf die berufliche Ausbildung bzw. auf berufsspezifische Qualifizierung mit Abschluss auszurichten und, wann immer möglich, entsprechende (rechtliche) Ansprüche zu realisieren. Die Möglichkeiten sind vielfältig: betriebliche oder überbetriebliche Fortbildungen, Maßnahmen, die jedem offenstehen, oder solche, die aufgrund der Erkrankung durch eine Maßnahme der beruflichen Rehabilitation gewährt werden, etwa in einem Berufsbildungs- oder -förderungswerk.

Zur Vorbereitung und Motivierung dienen immer wieder Hospitationen oder betriebliche Praktika, die nicht immer durch Anträge und Maßnahmen, sondern auch ganz informell durch Freunde und Verwandte zustande kommen können. Hier gilt es, im persönlichen Umfeld des jungen Menschen nach Anregungen für Betätigungsmöglichkeiten, Beschäftigungen und Arbeit zu suchen.

Lebensphasen

Für psychisch Kranke ist der Wechsel der Lebensphasen mit ihren jeweiligen Entwicklungsaufgaben immer wieder Anlass für Krisen und Erkrankungen: Manche psychisch Kranke haben die Schülerrolle, in elterlicher Obhut, gut bewältigt. Beim Eintritt in die Welt der arbeitenden Erwachsenen mit Eigenständigkeit und Verantwortung erleben sie Ängste, Krisen und scheitern zuerst einmal. Bei anderen ist es gerade umgekehrt.

Was bedeutet das für die berufliche Beratung?

Hilfreich ist es, diese so unterschiedlichen Phasen vor dem Hintergrund der Familie und der Entwicklung des jungen Erwachsenen zu begreifen sowie arbeitsfördernde Vorschläge so einzusetzen, dass notwendige Entwicklungsschritte unterstützt werden.

BEISPIEL → KLIENT »Bisher habe ich mich nicht getraut, zu Hause auszuziehen, auch meine Mutter rät mir ab. Eigentlich wollte ich früher so rasch es geht eine eigene Wohnung. Aber die Krankheit hat mich gebremst.«

BERATERIN »Ich verstehe Ihre Situation. Wie wäre ein Zwischenschritt: eine Ausbildungsstätte mit Wohnmöglichkeit unter der Woche, zum Erproben von mehr Selbstständigkeit für das spätere Berufsleben. Am Wochenende sind Sie dann wieder zu Hause.«

Langzeiterkrankte

Wenn ein Langzeiterkrankter nach langer Arbeitslosigkeit und vergeblichen Versuchen der Integration in Erwerbstätigkeit dennoch Wünsche nach Arbeit äußert, dann kann manchmal der Mut des Beraters sinken: Bleibt letztlich nicht doch nur eine »niedrige« Beschäftigung am Rande der Gesellschaft übrig?

Hierzu gibt es einige Regeln, die zum Nachdenken anregen:

Statt niedrigschwelliger Angebote als »kleinster gemeinsamer Nenner« ist es bedeutender, einen Horizont zu eröffnen, der eine würdige, anspruchsvolle Arbeitnehmerrolle hochhält, jedoch den Weg dahin mit realistischen Stufen versieht, die in sich kleine Erfolge bringen können. Kein Professioneller und kein Angehöriger kann mit Bestimmtheit voraussagen, ob nicht doch eine hoffnungsvolle Wende eintritt durch Weiterentwicklung und befriedigende Arbeitstätigkeiten, die keiner erwartet hätte. Es ist die Aufgabe aller, diesen Horizont aufrechtzuerhalten, selbst wenn erneute Krisen die Schritte verlangsamen oder zuweilen auch zu Rückschritten führen. Hier ganz besonders gilt: Der Weg ist das Ziel.

Stufenkonzepte der Rehabilitation

Treppen und Stufen begleiten den Menschen sein ganzes Leben lang, und zwar als Entwicklungsschritte. Manchmal stellen sie allerdings auch Hindernisse dar, die es zu nehmen gilt, um weiter daran zu wachsen. Wer eine Stufe nimmt, investiert Kraft und Hoffnung auf ein Ziel, das er schrittweise erreichen kann. Diese Erfahrung hat sich die Arbeitstherapie, Rehabilitation und Integration seit langer Zeit zunutze gemacht: Kleine Stufen halten die Angst vor Gefahren und Misserfolgen in Grenzen. Und: Wenn sie gemeistert werden, stellt sich ein Erfolgserlebnis ein und ermutigt zur nächsten Stufe.

Stufen beraterisch individuell so zu gestalten, dass dieser Effekt eintrifft, und zwar am besten mitgestaltet und gesteuert durch den Klienten, das zeugt von der Qualität und Kunst der Fachleute. Verfehlt ist die Beratung und Betreuung, wenn zu große Stufen zu viel Angst machen (das wirkt hemmend) oder zu kleine Stufen Langeweile erzeugen (das bremst die Motivation).

Realistische Schritte

Es ist bekannt, dass Tests, Assessments, Profilings und Eignungsuntersuchungen keine gesicherten Aussagen darüber machen können, wie gewünschte Handlungsschritte in der praktischen Arbeitswelt gemeistert werden. Das gilt im besonderen Maße für psychisch Kranke, da ihre tägliche Befindlichkeit großen Schwankungen unterliegt. Aussagekräftiger als Testsituationen ist die Auswertung des Beratungsgesprächs mit nachfolgendem praktischen Tun in möglichst realistischen Handlungsfeldern.

BEISPIEL → KLIENTIN »Ich habe zwar Angst davor, aber ich bin froh, dass Sie mir im Beratungsgespräch zu dem Praktikum in der Bäckerei meiner Tante geraten haben. Dann kann ich endlich wieder etwas Sinnvolles tun und meine Konzentration erproben.«

Realistische Handlungsfelder ermöglichen nicht nur, einzelne Fähigkeiten, sondern die selbstständige Aufgabenerfüllung im Rahmen einer Arbeitnehmerrolle zu erproben und zu trainieren.

Es hilft, wenn das Beratungsgespräch bereits darauf hinarbeitet, durch eine möglichst lückenlose Arbeitsanamnese handlungsnahe Informationen zur Vergangenheit zu erhalten und für die Gegenwart eine Zielplanung mit überprüfbaren Vereinbarungen, die wieder ins Handeln führen – verlässliche Schritte, um die Zukunft zu sichern.

Das Beispiel macht dies deutlich:

BEISPIEL → »Im Gespräch haben wir erarbeitet, dass Sie gute berufliche Erfahrungen über Jahre als Erzieherin gemacht haben. Nun wurden diese durch Krankheitsphasen unterbrochen. Ob Sie eine Tätigkeit in Ihrem Beruf erneut aufgreifen wollen und können, würde ein Praktikum zeigen.

Können wir vereinbaren, dass Sie mithilfe Ihres Freundeskreis nach einem Praktikum suchen – Sie hatten ja hierzu schon einen Vorschlag. In 4–6 Monaten können Sie sich gerne für ein weiteres Gespräch und für die Fortsetzung der Zielplanung melden.«

Das Vorgehen im Prozess der Rehabilitation versucht immer wieder vergangene Erfahrungen, gegenwärtigen Stand und zukünftige Schritte in realistischen Stufen zu gestalten.

Tagesstruktur

Viele Klientinnen und Klienten, die durch psychische Erkrankung arbeitslos wurden, haben ihre bisherige Tagesstruktur verloren und nun ein weiteres Problem: Sie mussten eine für sie weitgehend ungewöhnliche Tagesstruktur übernehmen: auf Stationen von Kliniken, bei Betreuern und Behörden, in psychosozialen Zentren oder einfach beim Nichtstun zu Hause. Es ist bewundernswert, wie sich Klienten selbst an solch eine Struktur gewöhnen und sie irgendwie »überstehen«. Allerdings ist die Gefahr groß, dass sie sich im Unvermeidlichen »einrichten«. Wenn sie wieder in Arbeit und Beruf kommen wollen, so gilt es, von dieser eingeschliffenen Tagesstruktur wieder loszukommen und eine möglichst »arbeitsähnliche Tagesstruktur« aufzubauen. Klienten und Professionelle unterschätzen immer wieder, wie schwer das sein kann und wie wichtig es ist, in systematischen Schritten voranzugehen.

BEISPIEL → KLIENTIN »Jetzt fühle ich mich besser. Ich habe vor einem Jahr im Einzelhandel ganztags gearbeitet, das klappt jetzt bestimmt auch wieder, wenn ich nur ein Stellenangebot hätte ...«

BERATER »Zwischen dem letzten Job und heute liegt ein ganzes Jahr – durch Ihre Erkrankung, den Klinikaufenthalt und die Erholung zu Hause. Ich freue mich, dass Sie sich Arbeit wieder zutrauen, aber weder Sie noch ich wissen, wie belastungsfähig Sie derzeit sind und ob Sie direkt wieder einen ganzen Arbeitstag schaffen können. Es ist deshalb besser, mit einem überschaubaren Schritt zu beginnen.«

Der erste Schritt ist, wieder einen angemessenen Alltag aufzubauen. Die Klientinnen und Klienten bereiten sich innerlich auf die Beschäftigung vor, gehen jeden Tag aus dem Haus und mehrere Stunden einer Tätigkeit nach. Im Fallbeispiel klingt das etwa so:

BEISPIEL → BERATERIN »Sie sagten, Sie wollten Ihren Schwager fragen, ob eine Mithilfe bei Bürotätigkeiten in seinem Betrieb möglich ist. Nach einigen Wochen sehen Sie, wie viele Stunden Sie täglich schaffen, und können je nachdem die Zeit auf einen vollen Arbeitstag steigern. Vielleicht sind damit auch später verantwortungsvollere Tätigkeiten verbunden. Sie werden dabei auch körperlich wieder fitter. Wenn das alles klappt, werde ich Ihnen gerne zur Unterstützung der Stellenbewerbungen eine Adresse nennen.«

Dem immer wieder geäußerten Wunsch nach rezeptartigen Rehabilitationsschritten und -verläufen ist heute die Erkenntnis gewichen, dass die persönliche Hilfeplanung so individuell und speziell erfolgt, wie das Leben der einzelnen Klienten eben ist. An die Stelle von »Rezepten« treten Konzepte und Grundhaltungen (SHEPHERD 2008).

Beratungsorte

Rehabilitative Dienste werden von den Kliniken und anderen Institutionen leider oft nicht zum frühestmöglichen Zeitpunkt eingeschaltet, weil die Notwendigkeit nicht gesehen oder weil es für zu umständlich gehalten wird, einen externen Dienst hinzuzubitten. Zuweilen spielt auch eine Rolle, dass dies als für den Klienten noch zu belastend gewertet wird. In Zukunft wird es allerdings immer häufiger vorkommen, dass ein niedergelassener Ergotherapeut als Brückenbauer und Begleiter für den Entlassungsprozess hinzukommt. Manche Ergotherapeuten sind bereits heute schon einerseits in der Klinik und andererseits niedergelassen tätig. Patientinnen und Patienten in Kliniken äußern jedenfalls immer wieder das Bedürfnis, ihre berufliche Perspektiven früh zu klären, und das sollte man ernst nehmen.

BEISPIEL → PATIENT »Ich mache mir Sorgen, wie es bei mir mit der Arbeit weitergeht.«

ÄRZTIN »Das verstehe ich, aber das steht alles erst später für Sie an. Wir müssen uns jetzt erst mal um eine möglichst gute Behandlung Ihrer Erkrankung kümmern.«

PATIENT »Es wäre schlimm für mich, wenn ich den Arbeitsplatz verliere.«

ÄRZTIN »Ich werde mir morgen mit Ihnen Zeit nehmen, um Ihre berufliche Situation verstehen zu können. Vielleicht gelingt es, hier schon in den nächsten Tagen notwendige Schritte einzuleiten.«

Die Sorgen der Patienten ernst zu nehmen heißt auch, ihnen Hoffnung zu geben, wie es weitergehen kann.

Da die berufliche Planung eines Zeitraums von Wochen und Monate bedarf, setzt die Beratung am besten schon an, bevor der Klient in das bekannte »schwarze Loch« der Klinikentlassung fällt. Die Arbeitsberatung muss also als integraler Bestandteil der Behandlung anerkannt und geschätzt werden.

Wenngleich Sozialarbeiter und Sozialpädagogen traditionell für ein berufliches Beratungsgespräch als zuständig angesehen werden, so können im Prinzip alle im therapeutischen Team ein solches Gespräch führen, sofern sie sich die hier beschriebenen Kompetenzen aneignen. Dazu gehört Mut und Motivation und eine Stationsführung, die diesen Spielraum gewährt. Insbesondere bei einer Konzeption, die pro Patient einen zuständigen Bezugstherapeuten vorsieht, können auch Pflegepersonen, Ärztinnen, Psychologen und Ergotherapeutinnen die Verantwortung und Durchführung übernehmen.

TIPP → Rehabilitation beginnt am ersten Tag der Behandlung und ist nicht die Sache eines einzelnen Sozialarbeiters, sondern des gesamten Teams.

Lange Zeit galt die Devise, es müsse mindestens Monate oder sogar Jahre abgewartet werden, bis sich der Erkrankte von seiner Krankheit »erholt« habe und sich den belastenden Anforderungen der Arbeit erfolgreich stellen kann. Sicherlich wird es dies im Einzelfall geben. Aber neuere Untersuchungen (Klosterkötter u. a. 1998) belegen, dass sofort nach der Akutbehandlung all jene Fäden wieder aufgenommen werden sollten, die in den Bereichen Schule, Ausbildung und Erwerbstätigkeit vorher bestanden haben.

Es ist wissenschaftlich längst erwiesen, dass die Einflussfaktoren der Ursprungsfamilie, der Bildung und Ausbildung sowie der Arbeitsgeschichte bedeutsamer sind für die Integration in Beschäftigung als der klinische Verlauf.

TIPP → Jeder psychisch Kranke im arbeitsfähigen Alter hat ein Anrecht auf eine möglichst frühzeitige berufliche Beratung.

Psychiatrische und psychosomatische Kliniken

In Kliniken herrschen vorrangig zwei Hauptschwierigkeiten bei der Beratung in beruflichen Fragen:

Zum einen führen die kurzen Verweildauern dazu, dass gerade auch die Beratung bezüglich der Erwerbstätigkeit zu kurz kommt. Die verbleibende Behandlungsdauer erfordert eine hohe Konzentration der therapeutischen Leistungen mit krisenbewältigenden Interventionen und Symptombekämpfung. Dennoch verbleiben immer eine oder auch mehrere Stunden, die der beruflichen Beratung gewidmet werden können, wenn die Zeit »umgesteuert«, zum Beispiel aus der ergotherapeutischen Behandlung genommen wird.

Zum anderen ist das therapeutische Team oft der Meinung, dass sich der Patient erst erholen muss, bevor berufliche Themen angeschnitten werden können. So wird das Problem eher »weggeschoben«, zumal es auch dem Patienten selbst oft sehr unangenehm ist, darüber zu reden.

Hier ist die Einsicht wichtig, dass der nächste leidvolle Rückfall nicht zuletzt durch eine frühe berufliche Beratung verhindert werden kann.

Ist der Patient nicht am eigenen Wohnort untergebracht, weil die Klinik nicht ortsnah ist, dann kommt den Angehörigen oder jenen, die für das Wohnen nach der Entlassung zuständig sind, eine besondere Aufgabe zu. Klinikmitarbeiter sollten anregen, dass diese sich schon früh nach weiterführenden rehabilitativen Angeboten am Heimatort erkundigen. Vor der Entlassung sollte auf jeden Fall ein klärendes Beratungsgespräch stattfinden, in dem zusammengetragen wird, welche Möglichkeiten dem Patienten zur Verfügung stehen und wie er sich örtlich weitere Informationen einholen kann. → Niedergelassene Ergotherapeuten, Seiten 112 f.

Das therapeutische Team sollte darüber hinaus erkennen, dass einige zielführende Interventionen zur beruflichen Beratung bereits im ganz normalen Behandlungsverlauf durchgeführt werden können:

- Die Anamnese wird aufgenommen und kann hinsichtlich bildungs- und arbeitsrelevanter Daten erweitert werden.

- Die Ergotherapie hat die Befunderhebung und Diagnostik zu Aktivitäten des täglichen Lebens als Standard im Programm. Ergänzende Gespräche über vergangene Erfahrungen und zukünftig gewünschte Beschäftigung sollten einbezogen werden.
- Der Sozialdienst organisiert weitere Schritte nach dem Klinikaufenthalt. Es sollte zum Standard gehören, mit dem Patienten an spätere Orte der Rehabilitation zu gehen bzw. hierfür Kontakte herzustellen, wenn der Wohnort zu weit weg liegt.

Es geht also »nur« darum, diesem Thema während der gesamten Behandlungszeit zwei Stunden zu widmen. Der günstigste Zeitpunkt wird vom Team ermittelt, liegt aber spätestens eine Woche vor der Entlassung.
Ein solches rehabilitatives Gespräch sollte auch dann geführt werden, wenn es augenscheinlich kein Problem mit der Erwerbstätigkeit gibt.

BEISPIEL → PATIENT »Über meinen Job brauchen wir nicht zu reden, ich gehe wieder an meine alte Arbeitsstelle im Supermarkt.«

Wie viele Sozialarbeiter haben solche Aussagen kurz vor der Entlassung schon gehört! Und man hört sie allzu gern, denn dann hat der Patient nicht nur ein Problem weniger, sondern der Sozialarbeiter ist ebenfalls um eine Aufgabe erleichtert. Doch wer hier oberflächlich bleibt, hat vielleicht schon bald ein Problem mehr, denn keiner wird nach einer psychischen Krise und einem Klinikaufenthalt einfach wieder frisch und munter an seinen Arbeitsplatz zurückkehren. Ganz im Gegenteil, die Gefahr, ihn nach dem Arbeitsantritt zu verlieren, ist groß. Die persönlichen Verunsicherungen wiegen nämlich meist schwer und können während der Arbeitsbelastungen erneut eskalieren. Die Folge ist die abermalige Einweisung in die Klinik.
Bleibt der Patient arbeitslos und wird deshalb nicht über mögliche Beschäftigungsformen gesprochen, dann kann, so ist längst bekannt, genau dieser Zustand rasch zu Rückfällen und zu weiterer psychischer Destabilisierung führen.

TIPP → Eine Beschäftigung oder Arbeitsstruktur sorgt nach der Entlassung für die so notwendige und heilsame Tagesstruktur.

So sollte auch Patientinnen und Patienten, die selbst dem Thema »Beschäftigung« ausweichen oder es bagatellisieren, ein Gesprächsangebot gemacht werden.

BEISPIEL → STATIONSARZT ZUM PATIENTEN »Ich habe mit unserem Team gesprochen und erfahren, dass Sie sich vor der Entlassung fürchten – da ist Ihre kranke Mutter zu Hause und die Arbeitsstelle wurde Ihnen gekündigt. Das wird für Sie nicht leicht sein. Ich möchte für morgen ein Gespräch vorschlagen, das Sie in weiteren beruflichen Schritten unterstützt. Es wird auch der Sozialarbeiter dabei sein, der sich mit Ihrer Situation schon auskennt.«

Durch die berufliche Beratung beginnt der Weg zu mehr Hoffnung in kleinen Schritten, die in dem Beratungsgespräch erörtert und vereinbart werden.

Teilstationäre Behandlung

Ein geeigneter Ort für die frühzeitige Planung von Arbeitsschritten ist die psychiatrische Tagesklinik oder eine alternative teilstationäre Betreuungsform. Dann verbringt der Patient mehr Stunden zu Hause als in der Klinik und lebt einen Teil des üblichen gesellschaftlichen Lebens. Dazu gehört es auch, Menschen um sich zu haben, die einer Erwerbstätigkeit nachgehen. Die vorgegebene Tagesstruktur wird in vielen Tageskliniken als Einübung in einen Arbeitsrhythmus verstanden. Dabei wirkt der äußere Rahmen so, als würde man zur Arbeit gehen. Wenngleich überwiegend soziotherapeutische Wochenpläne – leider ohne arbeitstherapeutische Anteile – üblich sind, empfiehlt sich einmal in der Woche ein Gruppengespräch zum Thema »Beschäftigung und Arbeit«. Daraus entwickeln sich oft Stichworte für die individuellen Beratungsgespräche zu Arbeit und Beruf, die, wie im stationären Bereich, rechtzeitig durchgeführt werden sollten und besonders gut in diese Behandlungsphase passen. Der Patient selbst wird zum Brückenbauer zwischen der therapeutischen Umgebung, den häuslichen Pflichten und der Arbeitswelt. Tragfähige Angebote der beruflichen Rehabilitation können und sollten von hier aus vorbereitet werden.

Ambulante Beratungssettings

Institutsambulanzen

Viele Patientinnen und Patienten überwinden eine Krise oder Krankheit inzwischen vorrangig durch eine ambulante Behandlung bei niedergelassenen Hausärzten, Fachärzten, Psychotherapeuten und insbesondere auch in den Institutsambulanzen von Kliniken.

Hat nicht schon vor der stationären oder teilstationären Entlassung eine berufliche Beratung stattgefunden, so bietet die Institutsambulanz eine erneute Chance. Der Grundsatz sollte ernst genommen werden, parallel zur Behandlung rehabilitative Schritte einzuleiten. Wie schwierig das sein kann, zeigt das folgende Beispiel.

BEISPIEL → PATIENT »Ich bin schon seit fünf Monaten hier in der Institutsambulanz und wir haben oft besprochen, wie ich wieder in Arbeit kommen könnte – bisher hat sich allerdings noch nichts ergeben.«

SOZIALARBEITER »Ich sehe, wie Ihre Befindlichkeit schwankt, und bin nicht sicher, ob eine berufliche Planung jetzt schon sinnvoll ist.«

FACHÄRZTIN »Wir haben gerade die Medikamente umgestellt und die Wirkung möchte ich noch abwarten.«

Es gilt, die Hoffnung und Spannkraft aller Beteiligten aufrechtzuerhalten: Für eine neue private und berufliche Perspektive lohnt es sich, Symptome und Ängste zu bekämpfen.

Zum vereinbarten Termin treffen sich in der Institutsambulanz Arzt, Sozialarbeiter und Klient.

BEISPIEL → KLIENT »Ich habe in den letzten Wochen viele vergebliche Bewerbungen geschrieben.«

BEISPIEL → SOZIALARBEITER »Heute wollen wir uns auf Ihre berufliche Situation konzentrieren und für die nächsten Monate einen Plan erstellen.«

Wie beschrieben wird wiederum das Ergebnis schriftlich festgehalten, was allen Beteiligten mehr Handlungssicherheit gibt. Kleine Schritte in Richtung Beschäftigung und Arbeit werden angepackt, und trotz wechselnder Befindlichkeit entsteht eine sich selbst verstärkende Spirale aufwärts.

Eine gute Wirkung kann auch erzielt werden, wenn weitere Experten von außen hinzugezogen werden, zum Beispiel ein Mitarbeiter des Integrationsfachdienstes oder ein niedergelassener Ergotherapeut.

→ Integrationsfachdienst, Seite 124

Niedergelassene Ärzte

Die niedergelassenen Fachärzte sowie Hausärzte behandeln mehr psychisch Kranke als die Kliniken. Sie sind meist »Einzelkämpfer« und können in der Regel nicht auf Teams und Spezialisten wie Sozialarbeiter oder Ergotherapeuten zurückgreifen.

Sind sie selbst davon überzeugt, dass es sich lohnt, dem Patienten mit Arbeitsproblemen entsprechend weiterzuhelfen, so haben sie meist Erfolge. Die psychische Situation verbessert sich aufgrund einer doppelten Wirkung: Gute Arbeitsperspektiven verbessern nicht nur die äußere, sondern auch die innere Verfassung, ermutigen und stabilisieren den Patienten psychisch. Dadurch wird wiederum ein hoffnungsvoller Weg wahrscheinlicher. Diese Ärzte bilden jedoch immer noch eine kleine Minderheit. Es mangelt keineswegs an gutem Willen, denn jeder Arzt wird bedrückt sein, wenn sein Patient unter Arbeitslosigkeit leidet. Ärzte sagen oft mit Recht: »Wenn ich nur einige Minuten pro Patient zur Verfügung habe, so würde eine solche Beratung auf Kosten anderer Patienten gehen, die ich dann nur noch ›durchwinken‹ kann. Auch ich bin bedrückt, wenn der Patient keine Arbeit hat. Aber die Hilfen des ständig wechselnden Arbeitsmarktes sind mir nicht vertraut und man hört von frustrierenden Erfahrungen.«

Also befinden sich Hunderte und Tausende von psychisch Kranken, deren oft einziger Stützpunkt der behandelnde Arzt ist, zwar in guter psychiatrischer Behandlung, aber ohne Hilfen zur Beschäftigung und Erwerbstätigkeit.

Kann das geändert werden? Bleibt es eine Zukunftsvision, im Verlaufe einer etwa sechsmonatigen ambulanten psychiatrischen Behandlung ein bis zwei Behandlungseinheiten für eine rehabilitative Beratung einzufügen? Was muss ein Facharzt heute »investieren«, wenn er bei ausgewählten Patienten eine berufliche Beratung durchführen würde?

Vorerst wird »nur« die Zeit des Facharztes benötigt. Die Meinungen gehen sehr auseinander, ob ein niedergelassener Arzt statt sechs Minuten sechzig investieren kann.

BEISPIEL → ARZT ZUR PATIENTIN »Ich möchte vorschlagen, beim nächsten Termin etwas mehr Zeit für Ihre berufliche Situation und eine entsprechende Planung zu verwenden. Seit Monaten kommen wir damit nicht recht voran.«

Diese Stunde kann bewirken, dass Patient und Arzt eine neue Sicht der möglichen beruflichen Perspektive des Klienten entdecken, Schritt für Schritt die getroffenen Vereinbarungen über die nächsten Termine hinweg bearbeiten und vielleicht dadurch sogar eine Besserung des Gesamtzustandes erreichen.

Eine Hilfe hierbei bieten niedergelassene Ergotherapeuten, die Arbeitstherapie und Belastungserprobung nach Verordnung des zuständigen Arztes durchführen können.

BEISPIEL → ARZT ZUR PATIENTIN »Nach diesem Gespräch ist mir vieles klarer geworden zu Ihrer bisherigen beruflichen Erfahrung. Derzeit geht es darum, dass Sie sich in Ihrem Beruf praktisch erproben sollten, um zu sehen, ob Sie sich einen Wiedereinstieg zutrauen und welche Stufen hierfür notwendig sind. Ich schlage Ihnen vor, Informationen bei den zwei niedergelassenen Ergotherapeuten im Ort einzuholen. Eine Verordnung zur Arbeitstherapie und Belastungserprobung kann ich dann ausstellen.«

PATIENTIN »Eine Mitpatientin aus meiner Selbsthilfegruppe geht in eine ergotherapeutische Praxis, allerdings für eine Gestaltungstherapie. Ich müsste fragen, ob auch eine Belastungserprobung mit Blick auf meine Arbeit möglich ist.

Zwar habe ich Angst vor einer Erprobung, meine Konzentration ist derzeit sehr schlecht, aber dann wüsste ich, ob ich überhaupt nochmals in diese berufliche Richtung denken soll.«

Das Beispiel zeigt, dass nicht alle Hürden genommen und alle Probleme gelöst werden müssen, um einen Fuß in die Türe zur beruflichen Weiterentwicklung zu setzen. Arzt und Patient befreien sich so vom Druck und von unguten Gefühlen, was oft zu einem depressiven Stillstand führt. Der Klient hat etwas in großer Fülle zur Verfügung, was beim Arzt Mangelware ist: Zeit. In einem neuen Modell der Zusammenarbeit kann der Klient Informationen einholen und der Arzt kann dazu motivieren.

Niedergelassene Therapeuten

Niedergelassene Therapeuten berichten immer wieder, dass sie selbst ein schlechtes Gewissen haben, wenn ihre Klienten große Arbeitsprobleme haben.

Dabei geht es einerseits um die Klienten, die in einem Arbeitsverhältnis stehen und deren Arbeitsprobleme sich im Rahmen der fortlaufenden Therapie zeitweise krisenhaft zuspitzen oder zur dauernden Belastung werden. Diese Belastungen können durch therapeutische Interventionen allein nicht entscheidend beeinflusst werden.

Andererseits geht es um die Gruppe jener Klienten, die arbeitslos sind. Therapeut und Klient erleben, dass Termine bei Leistungsträgern ohne Ergebnis geblieben sind oder gar nicht stattgefunden haben; Enttäuschungen sind längst Alltag geworden.

Die hier beschriebene berufliche Beratung am Ort des Therapeuten, als Teil des Gesamtgeschehens, kann dem Ziel der Integration einen kräftigen Schub verleihen und eine gute Wirkung auf die fortlaufende Therapie haben.

Was ist für ein Beratungsgespräch zu bedenken?
Als eine erste Möglichkeit sucht der Therapeut im rehabilitativen Bereich nach einem Experten, der sich in den therapeutischen Prozess eindenken und ein Beratungsgespräch anbieten kann. Zunehmend sind therapeutische Praxen an einer Vernetzung und Kooperation am Ort interessiert.
Gelingt das, so kann der behandelnde Therapeut ganz oder teilweise an dem Gespräch teilnehmen oder auch nur zum gemeinsam erörterten Ergebnis hinzukommen, das dann auch ohne sein Beisein aufgeschrieben werden kann.
Wenn er keinen Experten findet oder keine Indikation für ein integriertes Vorgehen gegeben ist, kann der Therapeut selbstverständlich auch selbst ein Beratungsgespräch anbieten – im Rahmen der genehmigten Therapiestunden. Dies kann durchaus der Beginn einer Wechselwirkung zwischen innerem psychodynamischen Prozess und Veränderungen in der äußeren Wirklichkeit sein. Der Gewinn kann eine klarere Zielsetzung und eine Mobilisierung von Kräften sein.

BEISPIEL → THERAPEUTIN »In dieser Sitzung werden wir uns, Ihrem Wunsch entsprechend, ganz auf das Thema ›Arbeit und Beruf‹ konzentrieren. Damit wir zu guten Ergebnissen kommen, werde ich den Ablauf anders als sonst gestalten. Zuerst erfrage ich systematisch Ihre Arbeitserfahrungen. Ihr mitgebrachter Lebenslauf hilft dabei. Dann kommen wir zum heutigen Stand und zu meinen Empfehlungen. Gemeinsam erarbeiten wir die daraus folgenden konkreten Handlungsschritte.
Ich bin keine Fachfrau für das Thema, aber Sie selbst sind ja der Erfahrene und Experte Ihres bisherigen beruflichen Weges. Am Ende der Sitzung werden wird das Ergebnis schriftlich festhalten und in die weitere Therapie integrieren.«

Beim weiteren Therapieprozess, der wiederum mehr auf die »inneren Bewegungen« schaut, kann dieses Gespräch als Schrittmacher für die »äußeren Bewegungen« hilfreich sein.

Niedergelassene Ergotherapeuten

In den letzten Jahren haben sich glücklicherweise immer mehr Ergotherapeuten in eigenen Praxen niedergelassen, nicht nur in den großen Ballungsgebieten, sondern auch im ländlichen Raum. Nicht wenige von ihnen spezialisieren sich auf psychisch kranke Personen. Allerdings ist zu wünschen, dass mehr Ergotherapeuten arbeitsbezogene Perspektiven mit ihren Klienten entwickeln. Und das ist im Rahmen des Trainings von Alltagskompetenzen oftmals indiziert und möglich. Bei Klienten im arbeitsfähigen Alter werden oftmals nur therapeutische Teilziele formuliert nach dem (heute eigentlich überholten) Motto: »Steigern Sie erst einmal Ihre Belastungsfähigkeit, dann sehen wir weiter.« Wozu sollen die Klienten diese Anstrengungen machen, wenn keine lohnenswerte Perspektive zu erkennen ist bzw. völlig diffus bleibt?

Auf ärztliche Verordnung kann »Arbeitstherapie und Belastungserprobung« (DVE 2004) durchgeführt werden. Hausbesuche und Besuche am Arbeitsplatz gehören zum Behandlungskatalog. Ein Beratungsgespräch mit Empfehlungen zu beruflichen Zielen kann der erste Schritt zu einem arbeitsbezogenen Assessment, einer dann folgenden Belastungserprobung und zum weiterführenden Behandlungsplan sein.

Die niedergelassenen Ergotherapeutinnen und -therapeuten gehören zu den wenigen im ambulanten medizinischen System, die den Klienten an der Klinikpforte abholen und durch ihre Angebote bis hin zu betrieblichen Praktika und einer Stellenvorbereitung begleiten können. Voraussetzung ist, dass bei der Entlassungsvorbereitung aufseiten der Klinik die niedergelassenen Ergotherapeuten mit einbezogen werden. Hier klafft weiterhin eine große Lücke in der kommunalen Vernetzung, denn in der Praxis findet dies kaum statt. → Klinikentlassung, Seite 55

Dieses Angebot gilt für solche Klienten, die sich durch die üblichen Verordnungsfrequenzen von einer bis mehreren Stunden pro Woche hinreichend begleitet fühlen. Schwerer beeinträchtigte Klienten benötigen hingegen eine tägliche Struktur durch teilstationäre Angebote zur Erprobung.

In jedem Falle können Ergotherapeuten jetzt schon, und in Zukunft sicherlich vermehrt, die hier beschriebene berufliche Beratung im Verordnungsrahmen durchführen, entsprechend den Zielvorgaben des verordnenden Arztes. Die hierfür notwendige Zeit von ein bis zwei Stunden ist Wegweiser und Weichensteller für die nächsten Schritte der Klienten auf eine berufliche Integration hin.

Was hindert dennoch viele Ergotherapeuten, auf dem Feld der arbeitsbezogenen Hilfen tätig zu werden? Die gestaltungstherapeutischen Aktivitäten und das Alltagstraining werden in der ergotherapeutischen Ausbildung insgesamt besser und intensiver vermittelt. Darin fühlen sich viele entsprechend sicher. Erwerbstätigkeit erscheint oftmals als zu komplex, manchmal auch als »Gegenwelt« oder sogar »Ursache« von psychischen Störungen. Das Handwerkszeug des Assessment und der Belastungserprobung und die dann notwendige Kooperation mit regionalen, rehabilitativen Diensten muss sich mancher erst mühsam erarbeiten.

Das Beratungsgespräch mit einer schriftlichen Empfehlung und praktischen Schritten auf eine arbeitsbezogene Perspektive hin erhöht die Qualität der dann folgenden Therapieeinheiten und schafft ein Feedbacksystem für den behandelnden Arzt und andere Bezugspersonen, etwa die Familie oder auch professionelle Betreuungspersonen im ambulanten Feld. Es kann zudem dazu dienen, spätere Kooperationen zu fördern.

BEISPIEL → ERGOTHERAPEUTIN »Sie haben mir im Gespräch erklärt, dass Sie während des Klinikaufenthalts in der Arbeitstherapie bis zu drei Stunden pro Tag handwerklich gearbeitet haben und dass das gut ging. Wir könnten als nächsten Schritt eine mehrwöchige Hospitation in Ihrem Kfz-Betrieb vorbereiten und ich könnte Sie dabei begleiten. Dann wird deutlicher, ob Sie dort stufenweise wieder einsteigen können oder vorher ein berufliches Training im Rahmen einer beruflichen Rehabilitation benötigen. Für die spätere Begleitung am Arbeitsplatz können wir dann den Integrationsfachdienst ansprechen.«

Die niedergelassenen Ergotherapeuten können eine Brücke zwischen ärztlich-therapeutischen Diensten und den rehabilitativen Angeboten bauen. Es ist weder für den behandelnden Arzt und Therapeuten noch für den Ergotherapeuten notwendig, die gesamte Palette aller Möglichkeiten in einer Region zu kennen. Im Gegenteil: Ein solcher Anspruch kann jegliche Initiative lähmen. Wichtiger ist es, sowohl von klinischer und ärztlicher als auch von ergotherapeutischer Seite den Kontakt zu suchen und ins Gespräch zu kommen.
Der Klient, der meist wesentlich mehr Zeit als der Therapeut hat, kann außerdem selbst Aufträge übernehmen und Informationen einholen – das Internet erleichtert manches.
Auch niedergelassene Therapeuten sehen inzwischen zunehmend die Notwendigkeit, sich einen Überblick über örtliche rehabilitative Angebote zu verschaffen. Zur ersten Orientierung beim Vorgehen kann das Kölner Instrumentarium herangezogen werden, um im zweiten Schritt zu örtlichen Wegweisern und Adresssammlungen zu finden. In jedem Falle sind die örtlichen Gesundheitsämter, psychosozialen Arbeitsgemeinschaften und »Runden Tische Rehabilitation und Arbeit« zuständig für aktuelle Informationen und Vernetzung durch Arbeitsgruppen.

Psychosoziale und sozialpsychiatrische Dienste

Immer wieder ist beklagt worden, dass örtliche psychosoziale Dienste – mit unterschiedlicher Bezeichnung in den Regionen der Bundesländer – nicht genügend Beratung und Aktivitäten für Betätigung, Beschäftigung und Erwerbstätigkeit anbieten.
Durch die Einführung des IBRP sind Bemühungen unternommen worden, um die rehabilitativen Aufgaben innerhalb des umfangreichen Instrumentes zur »Individuellen Behandlungs- und Rehabilitationsplanung« zu verdeutlichen. Dazu gehört auch die Beratung zur Arbeitssituation, wozu der IBRP online sämtliche Formblätter anbietet. → IBRP, Seiten 25 f.

Standen bisher bei den Hilfeplanungen meist die Wohnsituation, die Regelung von Alltagsfragen und die Finanzen im Vordergrund, so wird mehr und mehr Aufmerksamkeit auch auf Fragen zur Betätigung, Beschäftigung und Erwerbstätigkeit gelenkt. Bisher kommt jedoch das Thema »Arbeit« zu kurz und die hier beschriebene berufliche Beratung in Art und Umfang kann den IBRP ergänzen und bereichern.

⟵ Zielgruppen

Wenn davon ausgegangen wird, dass sich psychosoziale bzw. sozialpsychiatrische Dienste vorrangig um Langzeiterkrankte, also sich um »chronisch Kranke und Behinderte« bemühen, dann unterscheiden wir drei Gruppen, für die eine arbeitsbezogene bzw. berufliche Beratung sinnvoll ist.

Es gibt jene Klienten, für die es in Ordnung ist, wenn eine Arbeitstätigkeit auf dem allgemeinen Arbeitsmarkt nicht mehr infrage kommt, weil sie schon zu lange zu viele Enttäuschungen erlebt haben und zu weit vom Arbeitsmarkt entfernt sind. Tagesstrukturierende Alternativen haben sich an vielen Orten entwickelt und bewährt, wozu etwa das Wochenangebot eines Sozialpsychiatrischen Zentrums gehört, die Tagesstätten mit Kreativangeboten, die Teilnahme an Kursen und Aktivitäten der örtlichen Volkshochschulen und vieles mehr. Wer will jedoch vorhersagen, ob der Klient hiermit wirklich eine angemessene und nachhaltige Sinnerfüllung gefunden hat und welche Entwicklung sich im Bereich der Beschäftigung für ihn noch ergeben kann?

Es gibt jene Klienten, die plötzlich eine neue Krise oder Krankheitsphase durchleben müssen. So bitter es klingen mag: Krisen bergen auch neue Chance in sich, da alle Beteiligten sehen, »dass es so nicht weitergeht«. Beschäftigung und Arbeit können erneut ein Thema werden, das einer Beratung bedarf.

Es gibt schließlich jene Klienten – und mit ihnen die Betreuer –, die aktiv einen Einstieg ins Arbeitsleben suchen, auch wenn dieser über mehrere Stufen geht und Geduld erfordert. Ein Beratungsgespräch kann ein kreativer Anstoß sein.

Was muss gerade für Langzeiterkrankte bei einem beruflichen Beratungsgespräch investiert werden, um eine neue Chance zu eröffnen? Am wichtigsten ist eine hoffnungsvolle Haltung der Professionellen allen vorherigen Sackgassen und Enttäuschungen zum Trotz. Daraus erwächst Kraft für neue Perspektiven und die Motivation, sich über den Ablauf eines Beratungsgesprächs kompetent zu machen, mit oder ohne Hilfe eines extern hinzugezogenen Experten.

Bei langen Verläufen gilt es umso mehr, frühere gute Arbeitserfahrungen »auszugraben« und die Erkenntnisse für zukünftige Schritte zu nutzen:

BEISPIEL → SOZIALPÄDAGOGIN »Wie kam es, dass Sie damals, nach einigen Rückfällen, doch wieder eine Arbeit als mithelfender Hausmeister fanden? Vielleicht können wir daraus auch für heute etwas lernen?«

KLIENT »Mein Bruder hatte bei seiner Firma gefragt und dort war gerade eine Stelle vakant. Das war reiner Zufall. Meine Familie hatte sich schon große Sorgen gemacht und da haben alle versucht zu helfen. Als diese Stelle nach zwei Jahren gestrichen wurde, war es für mich wieder zu Ende. Ein Jahr lang habe ich mich irgendwie über Wasser gehalten, aber dann brach alles über mir zusammen, sodass ich wieder in die Klinik musste. Jetzt traue ich mir nichts mehr zu.«

SOZIALPÄDAGOGIN »Vielleicht könnten wir wieder Ihre Familie zurate ziehen, wenn Sie einverstanden sind. Gemeinsam kommt so manche gute Idee zustande für einen ersten Schritt, der auch Ihr Selbstvertrauen wieder aufbauen kann.«

In Sozialpsychiatrischen Zentren und ähnlichen Settings arbeiten meist Vertreter verschiedener Berufsgruppen zusammen. Diese geballte Kompetenz sollte genutzt werden!

Am meisten wird man hier auf die Berufsgruppe der Sozialarbeiter und Sozialpädagogen mit verschiedensten Zusatzqualifikationen stoßen. Von ihrer Funktion her sind sie geeignet, ein Beratungsgespräch zu Arbeit und Beruf zu führen. Meist wenden sich Vertreter anderer Berufsgruppen zuerst einmal Hilfe suchend an sie. Wenn jedoch – wie auch im klinischen

Bereich – das Prinzip des Bezugstherapeuten gilt, dann gibt es keinen Grund, warum nicht auch andere Berufsgruppen im Team beruflich beraten sollen – eine Grundkompetenz vorausgesetzt.

In Sozialpsychiatrischen Zentren, die schließlich Dreh- und Angelpunkt eines überschaubaren Einzugsgebietes sind, ist es entscheidend, sich gegenüber dem Klienten für das Thema Betätigung, Beschäftigung, Arbeit und Beruf verantwortlich zu fühlen und ihn nicht »zuständigkeitshalber« an andere Orte zu schicken, die »besser Bescheid« wissen.

Ein Beratungsgespräch, das die in diesem Buch dargestellten Elemente nutzt, ist bestens geeignet, mit allen Beteiligten zunächst auszubuchstabieren, wer mit dem Klienten welche vereinbarten Schritte in Angriff nimmt und wie das Ergebnis wieder zusammengetragen werden kann.

Rechtliche Betreuer

Spezielle Erwähnung verdienen die rechtlichen Betreuer, weil sie ein eigenes stützendes Bezugssystem zur Bewältigung von Lebensthemen des Klienten anbieten bzw. koordinieren können. Hier liegt ein großer Spielraum vor, um auch berufliche Perspektiven zu beraten, zu planen und sogar längerfristig zu begleiten. Diese Chance sollte erkannt und in Zukunft intensiver genutzt werden.

Im Rahmen ihrer gesetzlich festgesetzten Aufgaben können sie Klienten beim Ausfüllen von Anträgen, Kontakten zum Leistungsträger und bei der Erkundigung von Fördermöglichkeiten Hilfestellung leisten.

Jene Betreuer, die eine Grundausbildung als Sozialarbeiter oder -pädagoge mitbringen, werden sich in diesem Rahmen gut gerüstet sehen, bei der Lebenszielplanung eine arbeitsbezogene Perspektive einzubeziehen und eine berufliche Beratung durchzuführen.

Ähnlich wie beim niedergelassenen Psychotherapeuten, der in der Regel, ebenso wie der Berufsbetreuer, allein und ohne unmittelbares Team arbeitet, kann ein rehabilitatives Gespräch mit dem Klienten allein geführt oder aber ein externer Berater hinzugezogen werden.

Rehabilitative Dienste und Einrichtungen

Zu den rehabilitativen Diensten gehören die Beratungsstellen der Leistungsträger und die Rehabilitationseinrichtungen selbst. Entsprechend sind Informationen über rehabilitative Angebote in den letzten Jahren gewachsen. Tagungen und eine Reihe wichtiger Publikationen (Aktion Psychisch Kranke 2004; 2008) haben dazu beigetragen.

Im Unterschied zu den bisherigen Orten sind die rehabilitativen Dienste vertraut mit beruflichen Beratungsgesprächen. So liegt es zunächst auf der Hand, dass sie die Klientinnen und Klienten zu jeder Zeit, auch frühzeitig, beraten können.

Jedoch müssen sie sich meist aufgrund ihrer speziellen gesetzlichen und finanziellen Rahmenbedingungen auf die Frage beschränken, ob der Klient zum Angebot passt oder nicht. Die Beratung sollte aber genau umgekehrt vor sich gehen und danach fragen, welchen rehabilitativen Bedarf der Klient hat und welches Angebot zu ihm passt (»Bedarfsorientierung«). Meistens gilt die Rahmenvorgabe, dass der Klient bereits »die klinische und medizinische Phase« hinter sich haben soll – und genau hier ist der Pferdefuß, warum die frühzeitige Beratung oft nicht klappen kann.

Es gibt jedoch Ausnahmen und ganz praktische Spielräume, wie dieses Beispiel zeigt:

Auf einer Station sitzt ein Angehöriger mit einem Mitarbeiter des Integrationsfachdienstes zusammen.

BEISPIEL → ANGEHÖRIGER »Es ist gut, dass Sie heute beim Gespräch zur Entlassungsvorbereitung dabei sind und meinen Sohn erklären können, welche Hilfestellung Sie ihm in nächster Zeit geben können. Bisher war auch dem Team kaum bekannt, dass Sie schon jetzt für den Erhalt seines Arbeitsplatzes und für den Schutz vor Kündigung etwas tun können.«

Eine individuelle berufliche Beratung noch zum Zeitpunkt der klinischen Behandlung kann also versuchen, die Vertreter der im Folgenden beschriebenen Dienste hinzuzubitten und damit auch gefürchtete Hürden durch Anträge und Formulare zu nehmen. Weitere Möglichkeiten und Spielräume der rehabilitativen Dienste und Einrichtungen werden nun ebenfalls umrissen.

Die Beratung der Fallmanager bei deutschen ARGEN und bei den optierenden Kommunen verfügen über erhebliche Möglichkeiten, entwickelt und geschult über viele Jahre (Bertelsmann-Stiftung 2002).

⟵ **Fallmanager**

In einer Arbeitsagentur sitzen ein Berater vom Integrationsfachdienst und ein Agenturmitarbeiter zusammen.

BEISPIEL ⟶ BERATER »Sie sagen, Ihre Erstgespräche dauern ein bis zwei Stunden? So viel Zeit haben ja nicht einmal wir im Integrationsfachdienst!«

FALLMANAGER »Die Zeit nehme ich mir beim Erstgespräch, trotz der 160 Fälle, die ich zu betreuen habe. Ich habe festgestellt, dass ich zu diesem Zeitpunkt eine gute Chance habe, Kontakt und Vertrauen aufzubauen. Ob der Klient wiederkommt und wir zusammenarbeiten können, hängt von diesem Einstieg ab. Und: Wenn ich über das Wesentliche informiert bin, kann das später Zeit und Irrwege ersparen.«

Das ist ein wahres Fallbeispiel. Ich selbst hätte nicht gedacht, dass Fallmanager diesen Handlungsspielraum haben, wäre ich nicht Ohrenzeuge dieses Gesprächs gewesen. Es hat mich ermutigt, auch den Fallmanagern der ARGE und optierenden Kommunen das hier beschriebene Beratungskonzept vorschlagen zu können. Sie haben nämlich einen Vorteil: Aus einer Hand wird gefordert, gefördert und über die Höhe finanzieller Zuwendungen entschieden. Gelingt es, nicht nur als Behördenvertreter, sondern als beratende Person zuzuhören, erhöhen sich die Chancen auf beiden Seiten des Tisches, zu guten Vereinbarungen zu kommen.

Das gilt besonders für Klientinnen und Klienten mit einer psychischen Problematik, die bei der ARGE manchmal, aber nicht immer auf spezielle Fallmanager treffen. Die hier beschriebene Beratung zielt auf einen realistischen Förderplan und die Einbeziehung vorhandener Bezugspersonen.

Familie, Facharzt, gesetzlicher Betreuer oder Schuldnerberater können als Ressource einbezogen werden.

Das Beispiel zeigt, dass es Spielräume bei Beratern von Leistungsträgern gibt, die nicht primär für die Rehabilitation zuständig sind. Indessen betrachten die Fallmanager und Berater der Leistungsträger der deutschen Rentenversicherung, die primär für die Rehabilitation zuständig sind, eine berufliche Beratung als ihr tägliches Brot. Sie haben jederzeit die Möglichkeit, die hier beschriebene, umfassende Beratung anzuwenden, werden jedoch oftmals auf ihren speziellen Leistungsrahmen beschränkt.

Im Folgenden möchte ich einen Überblick über die Einrichtungen und Dienste geben, die für Behinderte, speziell psychisch Behinderte, nach dem Sozialgesetzbuch IX Angebote der medizinischen und beruflichen Rehabilitation machen. Das Ziel ist hier, den zukünftigen beruflichen Beratern der klinischen und therapeutischen Dienste zu zeigen, wer sie und den Klienten bei notwendigen Schritten unterstützen könnte.

⟵ Medizinische Rehabilitation

Es wäre ein großer Fortschritt, wenn die psychosomatischen Kliniken – eine bundesdeutsche Besonderheit der *medizinischen Rehabilitation* zwischen klinischem Bereich und beruflicher Rehabilitation – vor der Entlassung eine berufliche Beratung durchführen und dokumentieren würden, die gemeinsam mit dem Klienten erstellt wird. Gutachten und Abschlussberichte sind leider oft nur für den Arzt bestimmt. Sie arbeiten häufig ortsfern und sind deshalb für psychisch Kranke und Beeinträchtigte nur geeignet, wenn es den Mitarbeitern gelingt, ihre Empfehlungen und weiteren Schritte mit den Bedingungen in der Heimatregion des Klienten zu verknüpfen.

Besser gelingt der Aufbau einer beruflichen Perspektive bei den ortsnahen Zentren der *ambulanten medizinischen Rehabilitation*, die im Wachsen begriffen sind.

Wenn bei Empfehlung und weiteren Schritten der Beratung herausgearbeitet wird, dass zur Erreichung der Arbeitsfähigkeit und Integration eine anschließende berufliche Rehabilitation notwendig ist, stehen dem Klienten weitere Türen offen und der Kostenübernahme ist der Weg gebahnt. Eine Türe kann sich öffnen zur *Rehabilitationseinrichtung für psychisch kranke Menschen* (RPK). Sie versteht sich als Brücke zwischen dem medizinischen und dem beruflichen Bereich und kann stationär oder ambulant arbeiten. Eine berufliche Beratung und Einbeziehung des Klienten mit nachfolgender Begleitung ist für das Team selbstverständlich. Leider sind die Zentren oftmals nicht ortsnah und so gilt auch hier, dass mittels ihrer dokumentierten Beratung die Rückbindung an weitere Schritte am Ort des Klienten notwendig ist.

⟵ **RPK**

Eine weitere Tür kann sich öffnen zu anerkannten Einrichtungen der beruflichen Rehabilitation. Zunehmend bemühen sie sich um flexiblere ambulante Angebote und mehr Ortsnähe. Diese Einrichtungen sehen das hier empfohlene berufliche Beratungsgespräch als Teil ihrer selbstverständlichen Leistungen und wenden es in Variationen an.

Leider ist es jedoch so, dass zu selten Empfehlungen und weitere Schritte mit und für den Klienten so dokumentiert werden, dass dieser ein brauchbares Ergebnis in Händen hält. Meist geht ein Gutachten oder Bericht lediglich an den Leistungsträger – der Klient selbst erhält oft weder den Bericht noch weiß er, was darin steht. Das ist nicht nur ineffektiv, sondern auch Geldverschwendung, da der Hauptakteur nicht genügend einbezogen wird, um Empfehlungen zu verstehen und umzusetzen.

⟵ **Berufliche Rehabilitation**

Die Beratung muss unbedingt den Klienten als Experten und die für die Zusammenarbeit notwendigen örtlichen Behandlungseinrichtungen mit einbeziehen. Dazu gehören niedrigschwellige, also leicht zu erreichende Informationsmöglichkeiten, unbürokratische Einzelberatungen sowie die Bereitschaft der Rehabilitationseinrichtungen, Kliniken und Patienten vor Ort zu beraten. Dann würden Kliniken mit diesem Thema nicht alleingelassen.

Es ist heute immer noch wahr und beschämend: Der Klient ist der Einzige, der die Welten in beiden Richtungen immer wieder überbrücken muss.

Das klinisch-medizinische, das psychosoziale und das berufliche System haben jedoch die Verpflichtung, sich einen Überblick zu verschaffen und sich gegenseitig vor Ort zu unterstützen, am besten durch regelmäßige Informationstermine für Klienten und professionelle Mitarbeiter (Bieker 2005; Köhler/Steier-Mecklenburg 2008; Aktion Psychisch Kranke 2004).

Berufsbildungswerke (BBW) sind zuständig für Berufsfindung und Ausbildung bei jugendlichen behinderten Menschen, insbesondere für lernbehinderte Jugendliche im Anschluss an die Förderschule. Es handelt sich hierbei um eine Erstausbildung nach Beendigung der Schule. Im Rahmen der Berufsfindung wird eine ausführliche Beratung durchgeführt, deren Ergebnis mit dem Klienten (hier »Rehabilitand« genannt) besprochen wird – jedoch meist auch nicht in seine Hand gegeben wird.

Berufsbildungswerke

Berufsförderungswerke (BFW) mit Berufsfindungs- und Umschulungsangeboten arbeiten mit behinderten Menschen aller Art, die bereits im Berufsleben standen. Es handelt sich hier um eine Zweitausbildung, »Umschulung« genannt, die angezeigt ist, wenn aufgrund der Behinderung der erste Beruf nicht mehr ausgeübt werden kann. Berufsfindung und Vorbereitungsmaßnahmen sehen eine ausführliche berufliche Beratung vor, deren Ergebnisse wie üblich an den Leistungsträger geschickt werden. Das Recht auf Einsicht ist vielen Klienten nicht bekannt. Wenn der Klient das Ergebnis nicht vorliegen hat, ist die Wirkung oft minimal.

Berufsförderungswerke

Berufliche Trainingszentren (BTZ) sind ortsnah und speziell für psychisch behinderte Erwachsene aller Altersgruppen entwickelt worden, die einen Weg zurück ins Arbeitsleben suchen.

Berufliche Trainingszentren

Klienten, die oft dem Arbeitsmarkt noch nahestehen, teilweise mit Ausbildung und beruflichen Vorerfahrungen, können hier arbeitsplatzbezogene Probleme bearbeiten und für sich wieder eine sinnvolle Arbeitnehmerrolle aufbauen. Durch Orientierung, Feststellung vorhandener Kompetenzen und individuelles Training in allen beruflichen Branchen wird konkret auf einen Arbeitsplatz hin vorbereitet und in den ersten Monaten begleitet.

Die Beruflichen Trainingszentren sind die Wiege der hier beschriebenen beruflichen Beratung, da sie sich grundsätzlich als Vermittler zwischen der klinisch-psychosozialen und der beruflichen Welt verstehen. Die Besonderheit des Gesprächs, jeden zu beraten, auch wenn er diese Art der Einrichtung nicht benötigt, wird hier praktiziert nach dem Grundsatz: »Keine Beratung ohne Förderung und nachfolgende Integration« (HAERLIN 2005).

Werkstätten für behinderte Menschen (WfbM) stehen allen ⟵ **WfbM**

Behinderten offen, deren Leistungsvermögen so eingeschränkt ist, dass sie zurzeit oder dauerhaft nicht auf dem Arbeitsmarkt konkurrenzfähig sind. Sie finden hier ein Training mit einer Eingangsstufe über drei Monate und anschließendem Berufsbildungsbereich über zwei Jahre unter geschützten Bedingungen. Eine Alternative dieses Trainings bei anderen Trägern unter dem Titel »Unterstützte Beschäftigung« wird derzeit aufgebaut. Damit soll der Weg verstärkt zum allgemeinen Arbeitsmarkt führen und weniger zum Dauerarbeitsplatz der WfbM, der allerdings auch heute schon eine ausgelagerte Arbeit in normalen Betrieben bedeuten kann.

Gerade diese neuen, flexibleren Möglichkeiten der Weichenstellung erfordern eine gute berufliche Beratung, um verschiedene Optionen aufzuzeigen und Bezugspersonen, die zur Mitwirkung benötigt werden, einzubeziehen.

Integrationsfirmen (IF) stehen am Ende der beruf- ⟵ **Integrationsfirmen**

lichen Rehabilitation als Brückenkopf und und vor allem als Teil des allgemeinen Arbeitsmarktes. Sie sorgen für gute Einarbeitung und besonders förderliche Rahmenbedingungen, wozu auch der Kündigungsschutz gehört. Sie sind in allen üblichen Branchen tätig, zunehmend im Dienstleistungsbereich bis hin zu Hotels und Restaurants. Neben den regulären Arbeitsplätzen bieten manche von ihnen zusätzlich Maßnahmen der beruflichen Förderung oder Ausbildung an und ergänzen ihr Angebot durch sogenannte »Zuverdienstarbeitsplätze«, niedrigschwellig und auf der Basis flexibler, stundenweiser Tätigkeit.

Da Integrationsfirmen meist gut in der Region verankert sind und über Kontakte zu psychosozialen Diensten und Netzwerken verfügen, erhalten sie oft Anfragen von Klienten, die zwar Hilfe brauchen, aber für die IF nicht infrage kommen. Dann ist – über das Bewerbungsgespräch hinaus – eine intensive berufliche Beratung wünschenswert. Darauf sollten Klienten pochen.

⟵ Integrationsfachdienste

Die Integrationsfachdienste (IFD) öffnen den Blick auf den großen allgemeinen Arbeitsmarkt, auf dem die IFD tätig sind. Wer behindert oder von einer Behinderung bedroht ist, kann als Arbeitnehmer des allgemeinen Arbeitsmarktes die Hilfen des IFD in Anspruch nehmen.

Bei der Formulierung »bedroht« wird deutlich, dass jeder Arbeitgeber in psychischen Krisen oder bei Krankheit Anspruch auf Beratung und Begleitung hat. Die Realität ist, dass viele Arbeitgeber und Arbeitnehmer, die bisher nicht damit konfrontiert waren, von diesem Angebot nichts wissen. Wenn erstmals eine psychische Krise zur Krankschreibung führt, wird dies im Betrieb mit Recht besonders diskret gehandhabt. Das bedeutet, dass nicht der Betrieb, sondern Kliniken und Therapeuten jene sind, die auf anschließende Hilfen im Arbeitsleben aufmerksam machen müssen.

Wie kann hier geholfen werden? Vonseiten der Klienten betreuender Dienste sollte der IFD zumindest für eine ausführliche Beratung einbezogen werden, was er nämlich gerne bei Entlassungsvorbereitung in Kliniken täte, wenn er geholt würde.

Eine Verbesserung dieser Lage »an der Front der Betriebe« könnten die seit einigen Jahren geltenden Bestimmungen des »Eingliederungsmanagements« bedeuten.

Wenn Arbeitnehmer länger als sechs Wochen krank sind, dann kann und sollte der Arbeitgeber mit dem Arbeitnehmer und zum Beispiel mit dem Vertreter des IFD ein berufliches Beratungsgespräch führen. Zu diesem frühen Zeitpunkt muss keineswegs ein Schwerbehindertenausweis vorliegen. Die Beantragung empfiehlt sich vielleicht später bei lange anhaltenden Folgen der Krankheit, um den verbesserten Kündigungsschutz und die kontinuierliche Betreuung des IFD zu erwirken.

→ Schwerbehindertenausweis, Seite 91

Welche Bedeutung haben die IFD für die berufliche Beratung? Es grenzt an Absurdität, wenn festgestellt werden muss, dass die Dienste ausgezeichnete Kompetenzen für die Beratung mitbringen und wegen ihrer regionalen Vernetzung ideale Orte dafür sind, jedoch aus gesetzlichen und finanziellen Gründen nur eingeschränkt tätig werden dürfen.

Die Dienste arbeiten schon seit vielen Jahren flächendeckend in den Regionen und sind wichtige Hoffnungsträger für eine individuelle Beratung und Vermittlung bei erwerbstätigen Menschen mit einer Behinderung. Sie können dann für eine langfristige Sicherung bestehender Arbeitsplätze sorgen, wenn ein Schwerbehindertenausweis oder ein Antrag auf berufliche Rehabilitation vorliegt. Viele psychisch Behinderte wollen das aber nicht.

So kommt es, dass diese Spezialisten für Fragen am Arbeitsplatz, insbesondere des Kündigungsschutzes, oft nicht informiert und auch nicht hinzugezogen werden.

Wenn der Klient seine Stelle schon verloren hat, ist es zu spät, obwohl vorher jeder Arbeitnehmer, der wegen einer (psychischen) Krankheit oder Behinderung in Gefahr ist, den Arbeitsplatz zu verlieren, Anspruch auf die frühzeitige Beratung durch den IFD hat.

Auch hier bleibt die Hoffnung, dass die entsprechenden Dienste vor Ort immer wieder ganz praktische Spielräume nutzen können, wenn das Prinzip der Vernetzung zwischen den Diensten gepflegt wird.

Selbsthilfegruppen

Keine berufliche Beratung ohne den Klienten als Experten seiner eigenen Sache – diese Devise kann heute uneingeschränkt gelten, denn die Interessengruppen der Psychiatrieerfahrenen und Angehörigen haben sich in den vergangenen Jahren gestärkt und ausgebreitet.

Wie können Selbsthilfegruppen »Orte für berufliche Beratung« sein? Aus der Vielzahl von Selbsthilfegruppen, die sich auch für psychisch Kranke entwickelt haben, möchte ich zwei herausgreifen, die in den letzten Jahrzehnten wesentlich zu den Psychiatriereformen beigetragen haben und heute Orte des Vertrauens für viele Klienten sein können – auch Orte der beruflichen Beratung. Das ist zwar noch eine neue Tendenz, die jedoch von den Psychiatrieerfahrenen gefördert wird.

Psychiatrieerfahrene

Selbsthilfepotenziale dieser Gruppen psychisch erkrankter Menschen sollten auch im Bereich der beruflichen Beratung und Förderung genutzt werden. Das Recht auf Selbstbestimmung und eigene Entscheidung muss auch bei der beruflichen und arbeitsbezogenen Integration immer wieder betont werden.

Viele Betroffene beklagen jedoch, dass sie über berufliche Förderung und Integration nicht genügend informiert würden – erst dann aber sei eine Entscheidung dafür oder dagegen möglich. Es wird auch heute noch, trotz Bemühungen der Leistungsträger, kritisiert, dass entsprechende Hilfen mit langen Wartezeiten verbunden und für den Einzelnen nicht immer passend seien. Professionelle Helfer bestätigen dies. Wenn eine berufliche Beratung in den nächsten Jahren stärker aus der Mitte der Psychiatrieerfahrenen heraus entwickelt und durchgeführt wird, sehe ich Vorteile und Verbesserungen:

- Die Psychiatrieerfahrenen haben in Beratungen einen großen Vorteil: Sie sind meist am dichtesten an ihren Leidensgenossen dran, können sich in die Bedürfnisse der Hilfesuchenden einfühlen, und statt langer

Wartezeiten und behördlicher Bestimmungen kann eine Beratung zunächst ohne Hürden zum richtigen Zeitpunkt stattfinden.

- Bei professionellen Diensten ist das Gefälle zwischen Helfern und Hilfesuchenden unvermeidlich. Schnell stellt sich das Gefühl ein, dass ihre eigenen Vorstellungen wenig beachtet und sie »von oben herab« behandelt werden. Es fällt leichter, Vorschläge von »Gleichgesinnten« anzunehmen. Darüber hinaus ist ein Psychiatrieerfahrener, der nach schwerer Krise seine beruflichen Wünsche und seine Realität in ein gutes Verhältnis bringen kann, ein ermutigendes Beispiel für andere.

Psychiatrieerfahrene weisen immer wieder darauf hin, dass manche Dienste zu sehr auf einen möglichst frühzeitigen Wiedereinstieg in den Beruf fixiert seien. Sie versäumen, Hilfestellung bei einer grundlegenden Neuorientierung zu geben, wozu auch eine gewisse »Auszeit« gehören kann. Eine berufliche und arbeitsbezogene Beratung muss allerdings auch warten können, bis der Klient ein »Zeichen zum Aufbruch« gibt. Dann kann Beratung genau da ansetzen, wo der Klient seinen ersten möglichen Schritt sieht, um eine niedrigschwellige Aktivität, Auffrischung von Kenntnissen in einem Kurs, Hospitation oder Praktikum anzugehen. Zu oft wird in Schwarz-Weiß-Bildern gedacht: Entweder Arbeit haben oder nichts tun, entweder daran gesunden oder dadurch krank werden.

Weder das eine noch das andere beschreibt die Realität. Die Wirkung kleiner Stufen in eine Richtung, die gemeinsam vereinbart und auch verändert werden kann, wird oft unterschätzt. Die neue Bewegung der »Experten durch Erfahrung« (»experienced involvement«) und entsprechende Qualifizierungen, die Psychiatrieerfahrene derzeit aufbauen, führen dazu, dass ihre Stimmen in Zukunft lauter zu hören sein werden (www.ex-in.info). Sie haben heute den Vorteil, leichter als früher an regionale Informationen über die bestehenden Netze der Psychosozialen Arbeitsgemeinschaften und »Runden Tische Rehabilitation und Arbeit« zu kommen, wobei das Internet dabei hilft. Sich Kompetenzen bei der Gestaltung des Beratungsgesprächs anzueignen gilt natürlich für sie genauso wie für professionelle Helfer.

BEISPIEL → PSYCHIATRIEERFAHRENER BERATER ZUM KLIENTEN »Wir kennen uns schon lange, aber heute wurde mir durch das systematische Berichten der Arbeitsgeschichte erst klar, was du an Kompetenzen hast, die derzeit leider ruhen. Dein Lebenslauf aus dem Bewerbungskurs macht das noch nicht deutlich genug. Wie wäre der Vorschlag, einen aktualisierten Lebenslauf anzulegen, der die Qualifikationen besser darstellt? Das könnte bei Bewerbungen und auch in Gesprächen mit den Fallmanagern der ARGE dazu beitragen, dich realistischer einzuschätzen und eine passende Betätigung und Förderung zu finden.«

KLIENT »Bisher habe ich mich damit nur herumgequält, auch der Bewerbungskurs hat mir nichts gebracht. Wenn mir einer bei der neuen Aufstellung hilft – ich habe derzeit keinen funktionierenden PC –, dann würde ich das vielleicht in Angriff nehmen.«

BERATER »Wir werden jetzt Punkt für Punkt die anstehenden Schritte durchgehen und schriftlich festhalten, wer dich bei welchen Schritten unterstützen kann. Das dient dann für alle Beteiligten als ›Fahrplan‹. Auch einen weiteren Gesprächstermin können wir festlegen.«

Berufliche Beratungsgespräche unter Psychiatrieerfahrene können für die nächsten Jahre eine erfrischende neue Bewegung auslösen: Hier sind Menschen, die Zeit haben, sich kompetent machen und dem Missstand der einschränkenden Bestimmungen der Leistungsträger und der allzu knappen Zeit der professionellen Helfer etwas entgegensetzen können. Zugang zu den notwendigen Informationen haben sie heute mehr denn je.

Angehörige und Familien

Es ist die Aufgabe von Angehörigen, immer wieder an jenen Orten, an denen Hilfestellungen zu Tätigkeit und Erwerbsarbeit vernachlässigt werden, als Mahner aufzutreten.

Hier seien sie vor allem ermutigt, berufliche Beratung ihrer psychisch kranken Angehörigen, insbesondere vor einer Entlassung aus Kliniken, anzustoßen. Oftmals sind verlässliche Angehörige die Voraussetzung, dass der Patient überhaupt entlassen werden kann. So gesehen haben sie einen Hebel in der Hand, bei der Entlassungsvorbereitung einbezogen zu werden. Sie können deutlich machen, dass ohne die Beratung und Planung von arbeitsbezogener Betätigung ein Rückfall vorprogrammiert ist. Sie erfahren nämlich am eigenen Leibe, wie deprimierend das Nichtstun und das Warten auf irgendeinen nächsten Schritt ist.

Angehörige mahnen immer wieder, dass das Ansprechen der Perspektive auf eine berufliche Integration statt Hoffnungen auch Leistungsdruck machen könne und in der Folge Versagensängste auslösen kann. Sie haben in der Familie Krisen durchlebt und Misserfolge gesehen. Es ist verständlich, dass sie aus Erlebnissen der Überforderung am Arbeitsplatz und nachfolgenden Rückfällen den Schluss ziehen, dass ihren erkrankten Angehörigen eine Tätigkeit oder Arbeit, gar auf dem ersten Arbeitsmarkt, nicht mehr zuzutrauen ist.

Eine berufliche Beratung kann dann zu dem Ergebnis führen, dass eine ehrenamtliche und stundenweise Mithilfe in einem Projekt die angemessenere Tätigkeit ist.

Ich erinnere mich an einen Klienten im Beruflichen Trainingszentrum, der sich nach der Förderung zu unserem Bedauern gegen einen Wiedereinstieg ins Berufsleben entschied und »nur« eine ehrenamtliche Pförtnertätigkeit in seiner Kirchengemeinde annahm. Nach vielen Jahren traf ich ihn im Theater mit seiner Partnerin, und er berichtete, dass ihm die damalige Förderung den Spielraum gegeben habe, seine eigene Balance zwischen gesundheitlicher Belastungsfähigkeit und sinnerfüllter Tätigkeit zu finden. Er war all die Jahre weiterhin in dieser Gemeinde tätig, verdient zur bescheidenen Rente hinzu, und ich konnte sehen, dass er ein zufriedenes Leben führte.

Das Beispiel zeigt, wie individuell Hilfen sein können und müssen. Es macht Angehörigen deutlich, dass bei aller Förderung auch viel Gelassenheit notwendig ist. Manchmal sind Leistungserwartungen an den Erkrankten eben nicht aufrechtzuerhalten. Das gilt ganz besonders für Eltern mit psychisch erkrankten Jugendlichen oder jungen Erwachsenen. Karrierewünsche für das eigene Kind können in diesen Jahren zusammenbrechen, das heißt aber nicht, dass der Betroffene nicht doch noch in seinem Leben einiges erreichen wird, und es bedeutet ebenso wenig, dass dieser Mensch nie ein zufriedenes Leben führen wird.

LITERATUR → Eine Plattform der Beratung und eine Publikation *Psychisch krank im Job. Was tun?* haben der Bundesverband Familienselbsthilfe Psychiatrie und der Bundesverband der Betriebskrankenkassen geschaffen. Ein Beispiel, wie Angehörige niedrigschwellige Arbeitstrainingsplätze anbieten können, gibt seit vielen Jahren der Bonner Verein »Hilfe für psychisch Kranke« (www.hfpk.de).

Vernetzung regionaler Angebote

Im Bereich der psychosozialen Angebote hat sich seit vielen Jahren eine regionale Vernetzung und Zusammenarbeit in Form der Psychosozialen Arbeitsgemeinschaften (PSAG) etabliert. Mancherorts haben sie sich zum Gemeindepsychiatrischen Verbund (GPV) weiterentwickelt. Sie können durch Vereinbarungen die Angebote analysieren, Bestehendes besser vernetzen und Fehlendes aufbauen helfen. Informelle »Untergruppen Arbeit«, deren Mitglieder sich aus den ortsnahen rehabilitativen Diensten zusammensetzen, sind allerdings mit der unverbindlichen Art der Arbeit immer wieder unzufrieden gewesen.

Verbindlicher hat sich die Form der kommunalen »Runden Tische Rehabilitation und Arbeit« entwickelt mit festen Terminen, Tagesordnung, Teilnehmerkreis und Protokollen. Im besten Falle haben sie ihren eigenen »Kompass«, Wegweiser und Adressverzeichnisse erstellt und sind auch im Internet zu finden. Sie können zur Berichterstattung bezüglich Zielpla-

nungen in Gesundheits- und Sozialausschüssen beitragen und auf doppelte oder fehlende Angebote aufmerksam machen, um dadurch die regionale Weiterentwicklung zu beeinflussen.
Zu den Runden Tischen gehören Vertreter klinischer Einrichtungen, psychosozialer und rehabilitativer Dienste, die Vertreter von fördernden Maßnahmen sowie Leistungsträgern. Eine Bereicherung sind die Vertreter der Psychiatrieerfahrenen und Angehörigen, die immer wieder den Finger auf offen Wunden legen und dadurch Weiterentwicklungen anstoßen können.
Durch aktuelle Informationen und den regelmäßigen Austausch an Runden Tischen werden praktische Spielräume genutzt, es entstehen kreative kurze Dienstwege und insgesamt erhöht sich die Qualität einer beruflichen Beratung und Planung. So entwickelt sich eine solide Förderung und Integration psychisch erkrankter Personen in Arbeit und Beruf.

Schlussbemerkung

Wie der Blitz aus heiterem Himmel hat ein außergewöhnliches Ereignis – der Einsturz des Kölner Stadtarchivs – den Inhalt dieses Buches getroffen. Dem Schrecken dieses Tages und meiner großen Verwirrung folgten Erkenntnisse. Das Thema des Buches ist mir noch einmal existenziell nahegekommen und auf diese Weise verbirgt sich für mich nun etwas Besonderes darin.

Was war geschehen? Am Dienstag, den 3. März 2009, einem strahlend schönen Tag, radelte ich wie all die Monate zuvor zum Lesesaal des Archivs, weil ich hier in Ruhe an diesem Buch schreiben konnte. In guter Stimmung legte ich letzte Hand an den Text, der Abgabetermin beim Verlag war wenige Tage später.

Ganz ins Überarbeiten versunken, verpasste ich die Mittagspause. Um 13.57 Uhr stürmte ein Mann in den Saal: »Raus hier, sofort alle raus hier! Schnell!« Ich dachte an einen blinden Alarm, hatte es gar nicht eilig, speicherte ab, schloss den Laptop, nahm nur meine Brille mit und verließ den Raum. »Schneller, schneller!«, wurde gerufen. Wir 15 Besucher und Mitarbeiter begannen zu laufen: aus dem Haupteingang hinaus, links die Straße hinunter. Etwas drohte, aber was war es?

Als ich nach hundert Metern wagte, stehen zu bleiben und mich umdrehte, stürzte vor meinen Augen das fünfstöckige riesige Gebäude donnernd und staubend in den Untergrund – völlig zerstört. Genau eine Minute, bis 13.58 Uhr, hatten wir Zeit gehabt, um unser Leben zu retten.

Fassungslos standen wir herum, es war kein Science-Fiction-Film, der gerade mit uns als Statisten gedreht wurde, sondern Realität. Ganz langsam begann ich zu verstehen. Wir waren mit dem Leben davongekommen, um eine Minute. Ein Wunder. Aber meine gesamte Arbeit eines Jahres lag unter den Trümmern. In den Lesesaal konnte ich nicht zurück. Mein Buch-

text, auf Laptop und Stick gespeichert, war verloren. Das Buch war zu meinem Alter Ego geworden, das merkte ich jetzt. Ich war unglücklich.
24 Stunden später geschah das zweite Wunder. Die Kriminalpolizei rief an, die Feuerwehr hatte aus dem hinteren intakten Teil des Lesesaals einiges retten können, auch meinen Laptop. Mein Mann, der sich als Krisenmanager bewährte, holte ihn sofort ab, und wir fielen uns in die Arme. Alle Texte waren erhalten.
Andere, die in dem Archiv geforscht hatten, hatten weniger Glück. Große wissenschaftliche Arbeiten und Promotionen sind dort zerstört worden. Diese Menschen standen beruflich von einer Minute auf die andere vor dem Nichts. Sie fielen in tiefe Krisen. Ihre jahrelange Arbeit war vernichtet.
Dieses Ereignis beschäftigte mich viele Wochen. Die Medien hatten sich dieser Geschichte angenommen, in mir lief unablässig der Film der Bilder und Gefühle. Ich nutzte die Krise für einige Therapiestunden, die mir sehr halfen.
Inzwischen hat sich alles beruhigt. Ich genieße das einfache Dasein im Leben, mehr als vorher.
Für kurze Zeit hatte ich empfinden können, wie schrecklich es ist, wenn man in einer Krise auch noch die gesamte Arbeit verliert: ein doppelter Verlust. Die Situation in einer existenziellen Krise ist verwirrend und schwer zu begreifen. Arbeit hingegen ist etwas Sichtbares, zum Anklammern und auch für andere Menschen, die helfen wollen, nachvollziehbar. Das wusste ich zwar theoretisch und aus vielen Begegnungen mit psychisch Kranken. Diese Erfahrung jedoch selbst zu machen – wenn auch noch so kurz – hat meinen Respekt vor Menschen, die schwere Krisen immer wieder auszuhalten haben, noch mehr wachsen lassen.
Ich habe eines inzwischen besser begriffen: Es tat mir gut, in der Krisensituation Mitgefühl für meinen Arbeitsverlust zu spüren, weil mir dieser konkret vor Augen stand und wehtat. Mein Neffe richtete mich für einige Stunden auf, indem er sagte: »Du kannst das Buch sicher nochmals schrei-

ben, hast doch alles im Kopf.« Erst allmählich konnte ich das viel Wichtigere sehen und würdigen, dass ich mein Leben hatte retten können.

Es gibt also gute Gründe, Arbeitsprobleme in der Krise nicht zu verdrängen und auf später zu verschieben, sondern sich ihnen zu widmen und sie anzusprechen.

Das vorliegende Buch will dazu einen Beitrag leisten.

Ausgewählte Literatur

Aktion Psychisch Kranke (Hg.) (2004): Individuelle Wege ins Arbeitsleben. Bonn.

Aktion Psychisch Kranke (Hg.) (2008): Personenzentrierte Hilfen zu Arbeit und Beschäftigung. Bonn.

Amering, M; Schmolke, M. (2007): Recovery. Das Ende der Unheilbarkeit. Bonn.

Arendt, H. (1985): Vita activa oder Vom tätigen Leben. München.

Bauer, J. (2006): Prinzip Menschlichkeit – warum wir von Natur aus kooperieren. Hamburg.

Becker, T. (Hg.) (2007): Rehabilitation bei schizophrenen Erkrankungen. Köln.

Bennett, D. (1991): Community Psychiatry. London.

Bennett, D. (1993): Standards der psychiatrischen Rehabilitation aus internationaler Sicht. In: www.btz-koeln.de.

Bertelsmann-Stiftung (Hg.) (2002): Handbuch Beratung und Integration. Gütersloh.

Betriebskrankenkassen (2009): Psychisch krank im Job. Was tun? In: www.bkk.de.

Bieker, R. (Hg.) (2005): Teilhabe am Arbeitsleben. Stuttgart.

BTZ Köln (Hg.): Kreisbild der Arbeitsfähigkeiten. In: www.btz-koeln.de.

Bundesministerium für Jugend, Familie und Gesundheit (Hg.) (1988): Empfehlungen der Modellprogramme der Expertenkommission. Bonn.

Ciompi, L. (1985): Ein Forschungsprogramm zur Rehabilitation psychisch Kranker. Heidelberg.

Ciompi, L. (1990): Zeit und Psychiatrie. Bern.

Deutscher Verband der Ergotherapeuten (Hg.) (2004): Indikationskatalog. Idstein.

Fassauer, K.; Schönle, P. W. (Hg.) (2004): Chancen und Möglichkeiten der Rehabilitation psychisch Kranker und behinderter Menschen. Ulm (www.dvfr.de).

Grawe, K. (2000): Psychologische Therapie. Göttingen.

Greve, N.; Osterfeld, M.; Diekmann, B. (2008): Umgang mit Psychopharmaka. Bonn.

Grove, B. (2005 a): Workplace interventions for people with common mental health problems and individual placement and support. London (www.scmh.org.uk und www.guideline.gov/summery).

Grove, B. (2005 b): New Thinking about Mental Health and Employment. Oxford.

Haerlin, C. (1990): Diagnostik in der AT – mehr als Ausfüllen von Checklisten. Bonn.

Haerlin, C. (1993): Die Arbeitnehmerrolle und die Kompetenz zum Behandeln. Köln (www.btz-koeln.de).

Haerlin, C. (2005): Training für den Wiedereinstieg. In: Bieker, R. (Hg.): Teilhabe am Arbeitsleben. Stuttgart.

Hildebrand, B. (2005): Einführung in Genogrammarbeit. Heidelberg.

Internationales Arbeitsamt, ILO (Hg.) (2007): Gleichheit bei der Arbeit: den Herausforderungen begegnen. Genf.

Jahoda, M. (1983): Wie viel Arbeit braucht der Mensch? Weinheim.

Jerosch-Herold, C. u. a. (2004): Konzeptionelle Modelle für die ergotherapeutische Praxis. Heidelberg.

Kindl-Beilfuss, C. (2007): Fragen können wie Küsse schmecken. Heidelberg.

Klosterkötter, J.; Häfner, H.; Hambrecht, M. (1998): Frühdiagnostik und Frühbehandlung psychischer Störungen. Heidelberg.

Knuf, A. (2009): Basiswissen: Empowerment in der psychiatrischen Arbeit. Bonn.

Köhler, K.; Steier-Mecklenburg, F. (Hg.) (2008): Arbeitstherapie und Arbeitsrehabilitation. Stuttgart.

Leschinsky, A. (Hg.) (2003): Ursula Plog. Von einer, die auszog, die Psychiatrie das Zuhören zu lehren. Bonn.

Mecklenburg, H; Storck, J. (Hg.) (2008): Handbuch berufliche Integration und Rehabilitation. Wie psychisch kranke Menschen in Arbeit kommen und bleiben. Bonn.

Miller, W. R.; Rollnick, S. (2009): Motivierende Gesprächsführung. Freiburg i. Br.

Scholz, R.; Schulz, A. (2007): Haben Arbeitslosigkeit und Arbeitsunfähigkeit einen Einfluss auf die Höhe der Lebenserwartung? In: www.rostockerzentrum.de.

Schütt, H. (2009): Bonner Arbeitstraining. In: www.hfpk.de.

Shepherd, G. (2008): Making Recovery a Reality. London (www.scmh.org.uk).

Simon, F.; Weber, G. (2004): Vom Navigieren beim Driften. Heidelberg.

Utschakowski, J.; Sielaff, G; Bock, Th. (Hg.) (2009): Vom Erfahrenen zum Experten. Wie Peers die Psychiatrie verändern. Bonn.

Scheepers, C.; Weber, P. (2006): Vom Behandeln zum Handeln. Stuttgart.

Internet

Aktion Psychisch Kranke: www.apk-ev.de

Berufliche Trainingszentren: www.bag-btz.de

Berufsbildungswerke: www.bagbbw.de

Berufsförderungswerke: www.ddbfw.de

Dachverband Gemeindepsychiatrie: www.psychiatrie.de/dachverband

Deutscher Verband der Ergotherapeuten: www.dve.info

Deutsche Gesellschaft für Soziale Psychiatrie: www.psychiatrie.de/dgsp

Experienced Involvement: www.ex-in.info

Familien psychisch Kranker: www.psychiatrie.de/familienselbsthilfe

Integrierte Behandlungs- und Rehabilitationsplanung: www.ibrp-online.de

Integrationsfachdienste: www.bag-ub.de

Integrationsämter: www.integrationsaemter.de

Integrationsfirmen: www.bag-integrationsfirmen.de

Psychiatrie-Erfahrene: www.bpe-online.de

Rehabilitationszentrum psychisch Kranker: www.bagrpk.de

Werkstätten für behinderte Menschen: www.bagwfbm.de

Hermann Mecklenburg, Joachim Storck

Handbuch berufliche Integration und Rehabilitation

Wie psychisch kranke Menschen in Arbeit kommen und bleiben

ISBN 978-3-88414-436-7

350 Seiten

34,95 Euro / 58,90 sFr

Das Buch stellt in konzentrierter und strukturierter Form gängige und neue Wege in bezahlte Arbeit für psychisch kranke Menschen vor. Dabei werden alle Einrichtungen der beruflichen Rehabilitation und alle möglichen Wege in Arbeit sowie die sozialrechtlichen Grundlagen und Finanzierungsmöglichkeiten vorgestellt.
Das Buch zeigt an vielen Beispielen aus der Praxis, dass Arbeit auch unter schwierigen Bedingungen ermöglicht werden kann. Diepersönlichen Berichte von Betroffenen machen deutlich, wie wichtig und bereichernd Arbeit erlebt wird, besonders, wenn sie für den Einzelnen »passt«. Profis müssen dafür zusammen mit den Betroffenen herausfinden, was aktuell gebraucht wird, welche Schritte in das Arbeitsleben sinnvoll und möglich sind. Dafür bietet das Buch eine Fülle von Informationen, Beispielen und Anregungen.

Jörg Utschakowski, Gyöngyver Sielaff,
Thomas Bockf
Vom Erfahrenen zum Experten
Wie Peers die Psychiatrie verändern
ISBN 978-3-88414-470-1
260 Seiten
24,95 Euro / 42,90 sFr

Peers sind Menschen, die selbst über Psychiatrieerfahrungen verfügen und nun in die fachliche Begleitung z.B. psychotischer Menschen einbezogen werden. Der wesentliche Effekt ist, dass diese Personen ihre eigenen Erfahrungen positiv und sinnvoll nutzen können und das von vielen Betroffenen als glaubwürdig und hilfreich angesehen wird. In diesem Buch werden die aktuellen Erfahrungen und die Rahmenbedingungen der Peer-Arbeit dargestellt, ergänzt durch viele praktische Hinweise, wie Peers gezielt ausgebildet und bei der bezahlten psychiatrischen Arbeit beteiligt werden können oder wie man selbst als Peer aktiv werden und sich qualifizieren kann.
»Als Dokument einer wandlungsfähigen Psychiatrie, in der sich Menschen für Menschen interessieren und einsetzen, ist es eine beeindruckende Refelxion des Status quo, die mit vielen Plänen in die Zukunft weist.«
Verena Liebers, *Der Eppendorfer*

Psychiatrie Verlag

Telefon 0228 72534-0
Fax 0228 72534-20,
E-Mail: verlag@psychiatrie.de
Internet: www.psychiatrie-verlag.de